Wilhelm Tägert

Auf sieben Weltmeeren

Erinnerungen eines kaiserlichen Admirals

Erstes Buch: Von Köslin bis Alexandrien

Die Bilder:

Umschlagbild Titelseite:

SMS „Heimdall" und „Siegfried", nach einer Chromo-Lithographie von Carl Saltzmann 1895 (vergl. Kap. 5, S. 61ff dieses Buches)

Umschlagbilder Einband-Rückseite:

(obere Bildreihe von links) SMS „Niobe" (vergl. Kap. 2, S. 18ff),
SMS „Preußen" (vergl. Kap. 4, S. 28ff),
(untere Bildreihe von links) SMS „Kronprinz" (vergl. Kap. 5, S. 63ff),
SMS Tender „Hay" (vergl. Kap. 6, S. 78ff)

Bild Buchblock S. 2 und 3: Genua beim Kolumbusfest, Radierung 1892 (vergl. Kap. 6, S. 69ff)

GENUA

KOLUMBUSFEST 1892

Wilhelm Tägert

Auf sieben Weltmeeren

Erinnerungen eines kaiserlichen Admirals

Erstes Buch: Von Köslin bis Alexandrien

Herausgegeben und bearbeitet von Jürgen-Joachim Taegert

INFORMATION ZUM AUTOR UND ZUM HERAUSGEBER:

WILHELM LUDWIG GOTTLIEB TÄGERT wurde am 24.7.1871 als achtes Kind des Oberlehrers am Gymnasium in Köslin/Pommern und späteren Direktors des Realgymnasiums Siegen Dr. Joachim Christoph Wilhelm Tägert in Köslin geboren. Nach seinem Abitur trat der stattliche und gebildete Mann als Kadett und Offiziersanwärter in Kiel in die Kaiserliche Marine ein.

An Bord des Segelschulschiffs „Niobe" und in der Marineschule erlernt er die Seemannschaft und die „Marine-Etikette" von der Pieke auf. Über den Dienst auf den noch hölzernen, getakelten Panzerschiffen geht der Weg zum großen Kreuzer und zum Artillerieschiff. Zugleich öffnet sich ihm bei den internationalen Übungsfahrten der Blick auf das damalige Weltgeschehen. Er lernt die internationalen Eminenzen und Exzellenzen kennen, die seinerzeit die öffentliche Meinung prägen und die Medienwelt beschäftigen. Kommandos führen ihn an die westafrikanische Küste, auf die kaiserliche Yacht „Hohenzollern" und bis nach Jerusalem und auf weiteren Schiffen in den gesamten ostasiatischen Raum. Viele Jahre arbeitet er im kaiserlichen Admiralstab in Berlin und bekommt dann in der unmittelbaren Vorkriegszeit Kommandos bei der Hochseeflotte übertragen.

Nach einer zweiten Ostasienreise mit dem Schwerpunkt China und Japan erlebt er den Kriegseintritt auf einem Schlachtschiff. Von 1915-1917 ist er Marine-Attaché in der Türkei. Zeuge der deutschen Revolution wird er als Kommandant des Schlachtschiffs „Seydlitz", auf dem er die deutsche Flotte unmittelbar nach Kriegsende an die Engländer ausliefern muss. Er wird zum Konteradmiral ernannt und verlässt mit dem Charakter eines Vizeadmirals im Alter von 50 Jahren die Marine nunmehr der Weimarer Republik.

Im Zweiten Weltkrieg muss er den Tod seines einzigen Sohnes Werner betrauern, der 1944 als Marineoffizier mit einem Torpedoboot auf See vermisst wird. Im Jahr 1946 schließt er seine inhaltsreichen, lebendig und mit einer großen Prise Humor geschriebenen Erinnerungen ab, die er seinen vaterlosen Enkeln widmet. 1950 stirbt er in seiner Wahlheimat in Rottach-Egern. Sein Nachlass mit wichtigen Dokumenten und Schriften zur Marinegeschichte ruht im Bundesarchiv in Freiburg.

Der Herausgeber JÜRGEN JOACHIM TAEGERT, der Großneffe des Autors, ist evangelischer Pfarrer im Ruhestand und Verfasser zahlreicher Publikationen, die sich in bewusst ökumenischer Perspektive mit der Verbindung von Geschichte, Kultur, Landschaft und menschlichem Geschick befassen.

Mit dieser neue Buchreihe setzt er seine Arbeiten zur Beschreibung des Geschicks einer bürgerlichen Familie fort, die im 30-jährigen Krieg als „Tropfhäusler" am unteren Rand der Gesellschaft begann und über das Handwerk und das Küster- und Lehreramt in die Mitte der damaligen Gesellschaft führte; im Zentrum der Betrachtung steht nun in der Kaiserzeit des Zweiten Reiches Wilhelm Tägert, der das Ende des Ersten Weltkrieges und den Beginn der Weimarer Republik als Vizeadmiral der Marine erlebt.

Die Fortsetzungsbände dieser „Erinnerungen – Auf sieben Meeren" sollen fortlaufend ab 2015 herausgegeben werden.

Wilhelm Tägert

Auf sieben Weltmeeren

Erinnerungen eines kaiserlichen Admirals

Erstes Buch: Von Köslin bis Alexandrien

Herausgegeben und bearbeitet von
Michael Tägert und Jürgen-Joachim Taegert

Version 15.12.2014

Bibliografische Informationen der Deutschen Nationalbibliothek:
Die Deutsche Nationalbibliothek verzeichnet diese Publikation in der Deutschen
Nationalbibliothek; detaillierte bibliographische Daten sind im Internet über
http://dnb.d-nb.de abrufbar.

Herstellung und Verlag:

Books on Demand GmbH, Norderstedt

ISBN: 978-3-7347-3930-9

Auch als E-Book erschienen.

Vorwort

Nachdem der gesamte dokumentarische Nachlass von WILHELM LUDWIG GOTTLIEB TÄGERT (1871-1950) noch unveröffentlicht auf 1 ½ Regalmetern im Militärarchiv des Bundesarchivs in Freiburg ruht, beschränkt sich die öffentliche Kenntnis über diesen hoch interessanten Marineoffizier und Vize-Admiral der kaiserlichen Marine bislang auf Erwähnungen durch andere Schriftsteller.

So berichtet bereits der schwedische Asienforscher und Entdeckungsreisende SVEN HEDIN in seinen frühen Reisebeschreibungen „Von Pol zu Pol" interessiert und positiv von seiner Begegnung mit Wilhelm Tägert in dessen damaliger Eigenschaft als Marine-Attaché in der Türkei. In seinem Buch „Ein Volk in Waffen" 1915 erwähnt er ihn auch kurz neben seinem Bruder Carl, der zu dieser Zeit Kommandeur der Marinebrigade in Oostende ist.

Der Marinehistoriker und einstige Marine-Admiral EBERHARD VON MANTEY, der zwei Jahre älter als Wilhelm Tägert, erzählt in seinen 1921/22 erschienenen zweibändigen Schilderungen des Seekriegs „Auf See unbesiegt" von der letzten Fahrt des Deutschen Marinegeschwaders, das sich die Engländer als Kriegsbeute sichern wollten, im November 1918 zur Bucht des schottischen Scapa Flow. Sehr einprägsam, fast theatralisch, erscheint hier das Bild der kaiserlichen Flotte, die angeführt wird vom Stolz der Kriegsmarine, dem erst 1913 gebauten Kreuzer „Seydlitz", an dessen Top der Wimpel des Kommodore Tägert flattert. Diese Flotte wird durch ihre Selbstversenkung dann ein halbes Jahr später den Mythos von der Unbesiegbarkeit Deutschlands im Ersten Weltkrieg mit erschaffen.

Nach dem Ersten Weltkrieg berichtet HARRY GRAF KESSLER, der politisch engagierte „rote Graf", in seinem Tagebuch, das erst seit 2004 bei Klett-Cotta herauskam, in Band 7 von einem Essen, das im April 1919 stattfand und an dem auch Wilhelm Tägert teilnahm. Die Gesprächsteilnehmer diskutierten kontrovers über die Rolle, die sie als ehemalige Offiziere aus Heer und Marine in den Einheiten spielten sollten, die der erste SPD-„Verteidigungsminister" der Geschichte, Gustav Noske, zur Niederschlagung der März-Revolution 1919 in Berlin aufgestellt hatte. Von diesen hochdramatischen, kaum bekannten Begebenheiten erzählt auch Wilhelm Tägert im letzten Kapitel seiner „Erinnerungen".

Weitere Erwähnungen in jüngster Zeit finden sich in dem 2013 veröffentlichten, bewegenden Buch von NICOLAS WOLZ „Wir verrosten im Hafen", das vom Fiasko der Deutschen Marine im Ersten Weltkrieg berichtet. Wolz vermerkt, dass die Marine, der Stolz des Kaiserreichs, infolge der Blockade-Strategie der britischen Royal Navy und der Zögerlichkeit der deutschen Führung, abgesehen vom „Doggerbankgefecht" 1915 und der „Schlacht vor dem Skagerrak" 1916, an größeren Einsätzen gehindert blieb. Als sie dann trotzdem im Herbst 1918 auf eigenmächtigen Befehl ihrer Kommandierenden zu einer Entscheidungsschlacht gegen England antreten sollte, meuterten die Matrosen, angestachelt von der russischen Revolution und zum Entsetzen ihrer Vorgesetzten, und lieferten so den Funken, der inmitten der laufenden Friedensverhandlungen zur Beendigung des Ersten Weltkrieges die deutsche Revolution entzündete.

Wolz verarbeitet als Erster in seinem Buch auch Dokumente aus Wilhelm Tägerts schriftlichem und dokumentarischem Nachlass in Freiburg.

Mit dem vorliegenden Bändchen „Auf sieben Weltmeeren – Von Köslin bis Alexandrien" möchte ich beginnen, das 700 Seiten umfassende, 1946 vollendete Manuskript der „Erinnerungen 1871-1921" von Wilhelm Tägert einer breiteren Öffentlichkeit zugänglich zu machen. Es befand sich bislang, außer in diesem Archiv, nur in den Händen der unmittelbaren Nachfahren und wirft ein erhellendes Licht auf die bei Historikern viel zu wenig beachtete Rolle der Marine im Kaiserreich.

Als WILHELM TÄGERT 1871, im ersten Jahr dieses Zweiten Deutschen Reiches, in Köslin in Pommern als Sohn des Gymnasiallehrers JOACHIM CHRISTOPH WILHELM TÄGERT geboren wurde, da hätten sicher Viele erwartet, dass er einmal in die Fußtapfen seiner Vorfahren treten würde, die sich vom unteren Rand der Gesellschafft als „Tropfhäusler" und „Teeger", Besitzer nur einer Ziege, über die Berufe von „Schafmeister", „Kröger" und das Handwerk der Schuhmacherei zum Stand der Volksschullehrer und schließlich, als promovierter Gymnasiallehrer und Rektor am Realgymnasium, in die Mitte der damaligen Gesellschaft emporgearbeitet hatten.

Doch die Berührung mit der See, die Jugendlichen auch heute oft noch mystisch erscheint, und mit der jungen Marine, die, nach ersten Anfängen in der Regie des Frankfurter Paulskirchenparlaments, des Norddeutschen Bundes und der Könige von Preußen, seit der Reichsgründung 1871 zum Prestigeobjekt der Deutschen Kaiser geworden war, infiziert den Jüngling derartig, dass er, wie auch sein älterer Bruder Carl, diesem Handwerk des Marineoffiziers völlig verfällt. Es fordert in seinen Augen ganze Männer, die bereit sind, Verantwortung zu übernehmen, dabei aber zugleich loyal zum Kaiser, gebildet, von hohem Ethos und bereit zu Kritik und Selbstkritik sind.

Wilhelm Tägert lernt die Seemannschaft und die „Marine-Etikette" von der Pieke auf kennen, also von der Ausbildung auf dem Segelschulschiff, über den Dienst auf den noch hölzernen getakelten Panzerschiffen bis zum großen Kreuzer und zum Artillerieschiff, und lässt sich durch die Lehrgänge der Marine-

akademie zum Seeoffizier ausbilden. Zugleich öffnet sich ihm der Blick auf die Weite der seinerzeitigen politischen, historischen und geographischen Welt. Mit Staunen nimmt man heute die weitreichenden internationalen Kontakte wahr, die in einer schon damals „globalisierten Welt" über alle Grenzen hinweg möglich waren, und die uns erst heute, nach rd. 135 Jahren, wieder selbstverständlich werden. Zugleich wundert man sich, wieso es den Führenden in dieser sich bereits anbahnenden vielfältigen und selbstverständlichen Welt-Gemeinschaft nicht möglich war, die den Ersten Weltkrieg, zu vermeiden.

Schon bei seinen ersten Fahrten als junger Marineoffizier lernt Wilhelm Tägert viele der internationalen Eminenzen und Exzellenzen seiner Zeit kennen, die damals die öffentliche Meinung prägen und die Medienwelt beschäftigen: neben dem Deutschen Kaiser und den höheren Mitgliedern des Marineoffizierskorps, auch die Könige von Norwegen und Portugal, den Vizekönig von Ägypten, den Prinzen von Japan, die Herzöge von Genua und von Edinburgh und manche andere Größen ihrer Zeit.

Doch das ist nur ein Vorgeschmack auf seine spätere Tätigkeit, die ihn „über sieben Weltmeere" zu den Antipoden und schließlich am Ende bis zur Bucht von Scapa Flow führen wird, und die ihm noch weit tiefere Einblicke in das unerbittlich zur „Urkatastrophe des 20 Jahrhunderts" führende Weltgeschehen vermittelt.

Davon sollen dann die weiteren Bücher von Wilhelm Tägerts „Erinnerungen" erzählen, die für diese Reihe in Vorbereitung sind und deren Vorlagen mir Wilhelm Tägerts Enkel MICHAEL TÄGERT dankenswerterweise zur Verfügung gestellt hat. Als Großneffe des Verfassers habe ich gern die Chance ergriffen, zum 100. Jahrestag des Beginns des Ersten Weltkrieges dieses besondere Geschichtswerk an die Öffentlichkeit zu bringen.

Jürgen Joachim Taegert

Inhalt

Wilhelm Tägert - Erinnerungen

Erster Teil über die Jahre 1871 – 1912 wohl begonnen 1936,
„Zueignung" und zweiter Teil über die Jahre 1913 – 1921 geschrieben 1946.
Eingelesen, behutsam korrigiert und in Fußnoten und Bildern ergänzt
von Jürgen Taegert 2014

Zueignung von Wilhelm Tägert an seine Enkel, geschrieben 1946

Leise rieselt draußen der Schnee. Morgen früh wird seine neue Decke den gefrorenen Schneeschlamm wieder eingeebnet haben, wenn erst der Schneepflug die Wege wieder geglättet hat. Der Schneepflug! Wie hat sich mein kleiner Michael gefreut, wenn er ihn kommen hörte. Er erkannte am Ton, welcher es war und stürzte voll Eifer ans Fenster, um zu sehen, wie er einen neuen Damm auf den alten türmte. Und wie selig war er, wenn sein Freund Steigenberger, der Fahrer, ihm erlaubte mitzufahren. Ja, der Schneepflug gehörte nun einmal zum Leben hier, hier in Rottach, zwischen den Vorbergen der Alpen. Früher kam er mit acht Rössern bespannt, 12 Männer saßen auf dem Pflug, damit er schön schwer war. Das waren noch Zeiten!

Aber die Skier waren geblieben, die konnte kein Motor ersetzen. Von Jahr zu Jahr wurden sie wichtiger. Und Skier, Stiefel und Anzüge dazu gingen von Sven auf den fünf Jahre jüngeren Michael über, den Erben und Nachfolger in jugendlichen Freuden und Leiden.

Auch Leiden! Krankheiten kamen, fast hätte sich die Geißel der Jugend eingenistet, doch die Gefahr ist nun glücklich gebannt. Jetzt bist du, kleiner Michael, aus dem Sanatorium wieder zu uns zurückgekehrt. Wir hören wieder deine klare, laute Stimme draußen schon von weitem, wenn du aus der Dorfschule kommend in die Küche stürzest: Ich habe Hunger!

Und Sven, du Lieber, wann werden wir dich wieder hier begrüßen? Und wie lange werden wir dich behalten dürfen? Viel hast du mit der lieben Lieselotte durchgemacht, seit sie dich im Oktober 1944 mit nach Waren nahm, Mutterstelle bei dir zu vertreten, eine junge Mutter, aber eine prachtvolle Erzieherin und Gefährtin für dich. Gott gebe uns allen eines nicht zu fernen Tages euren Vater, Lieselotte den Gatten und mir den einzigen Sohn gesund zurück. Aber wir müssen uns in seinen Willen schicken, wie wir uns schon zweimal in den Verlust derer schicken mussten, die uns die Liebsten waren. Und auch in den Krieg und alles Unheil, das er über uns gebracht hat.

Anders hätte ich mir Vieles gedacht, was mir das Alter bringen würde. Nun aber bin ich dankbar für das, was mir blieb und das große neue Glück, das Margot in mein Leben gebracht hat.

Die Zeit des Sinnens und Erinnerns liegt nun wieder hinter mir. Draußen singen die Vögel und danken für die Gastfreundschaft, die wir ihnen in ihrem Futterhäuschen im Winter gewährten. Der Frühling ist eingezogen, eingezogen mit einer Pracht, wie wir sie hier nur selten erlebt haben. Der Garten lockt zu neuer, nur zu gern geleisteter Bestellung.

Es war der 13. Winter, seit wir dieses Haus in der Ringbergstraße bezogen. Nicht ein neues Haus, erst etwa hundert Jahre ist es alt, es gibt weit ältere hier. Viel, viel länger wirkt auch wohl schon der Hausgeist drin, denn er blieb in den alten Grundmauern, als der Oberbau damals vor etwa hundert Jahren abbrannte. Und mit ihm blieb das Behagen, die unmittelbare Verbundenheit mit der offenen Wiesennatur ringsum und der Ausblick auf die Berge, die nun bald ihre letzte Schneemütze abgelegt haben werden.

Wilhelm Tägert 1948 in Rottach

Es war unser alter Wunschtraum, eines Tages, wenn wir alt wären, das Zigeunerleben, das nie zu Ende kommen wollte, aufzugeben und ein Häuschen am Fuß der Berge zu besitzen. Dahin wollten wir dann nach kurzer Ankündigung jedes Mal zurückkehren von allen weiteren Aufgaben, die uns das Leben draußen etwa noch stellen würde Gute Hausleute sollten Haus und Garten pflegen, uns empfangen und mir den Maßkrug als Willkommen reichen. Manches kam so, wie wir es uns wünschten. Aber aus dem Häusel wurde schon nach zwei kurzen Jahren das Grab für die treue Gefährtin, die Ruhestätte unter den weißen Fliederbäumen auf dem schönen Friedhof, die sie sich schon immer gewünscht hatte, Töchterlich betreute dann eure liebe junge Mutter das Haus und uns alle Drei. Viel heiße Wünsche blieben ihr unerfüllt. Sie war nicht geboren, in der Einsamkeit hier glücklich zu werden. Und so nahm sie ein gewaltsamer grausiger Tod uns fort, als ihr beiden, Sven und Michael, der Mutter noch so bedurftet. Aber Mutterliebe ward euch doch zuteil, als Margot und Lieselotte euch in ihre Arme nahmen.

Darüber war der entsetzliche mörderische Krieg gekommen und weitergegangen. Wenigstens ließ er uns fünf am Leben, verschonte auch unser Haus mit seinem ganzen durch tausend Erinnerungen doppelt wertvollen Hausrat. Aber er trennte uns auch.

Ihr Beide, Lieselotte und Sven, habt seinen eisigen Mord-Atem nahe genug gespürt, auch wir hier hörten den Tod laut in den Lüften über uns heulen und krachen. Heimatlosen erschlossen wir unser Haus. Heute wissen wir noch nicht, ob wir wenigstens unseren jetzigen Teil werden halten können. So sehen wir den Sorgen, die wir erst nur ahnten, entgegen, gelassen und gefasst.

Nun habe ich den Versuch gemacht, das Erlebte und Geschaute niederzuschreiben. Er reicht weit zurück in das große Geschehen, das zwei Generationen über sich ergehen lassen mussten und dessen Anfänge ich zum Teil schon verstehend miterlebt habe. Immer wieder wollt ihr Jungen ja hören aus der Zeit, die noch nach ganz anderen Lebensidealen streben zu dürfen glaubte, und von der Tradition, die diesem Streben das ethische und moralische Maß und Ziel vorschrieb. Ich habe mit meiner Niederschrift Jüngere weder belehren noch erziehen wollen. Ich kenne die Grenzen meiner Befugnis zu Kritik und Urteil. Sie sind eng genug gezogen.

Das meiste Erlebte ist wie im Fluge an mir vorüber gesogen, auch fehlen mir jetzt die Unterlagen für eine zuverlässige Schilderung der Tatsachen, deren Erinnerung sich doch vielfach verwischt hat.

So nehmt denn das, was ich schreibe so auf, wie es gemeint ist: Bunte Bilder aus einer Zeit, die mehr Raum für Lebensgenuss und mehr Gelegenheit und Ruhe zum Schauen und zum Verarbeiten des Geschauten vergönnte. Haltet eure Augen und Ohren offen, und macht eure Herzen stark, so werdet auch ihr dereinst euch einer reichen Ernte erfreuen können.

Wer frisch umherspäht mit gesunden Sinnen
Auf Gott vertraut und die gelenke Kraft,
Der ringt sich frei aus aller Fahr und Not[1].

---

[1] Friedr. v. Schiller, Wilhelm Tell III,1

Erstes Buch:
Von Köslin bis Alexandria

1. Die Jugendjahre

Köslin

Am 10. April 1871 wurde der Friede von Frankfurt zwischen Deutschland und Frankreich geschlossen. Er brachte den Beginn des „Zweiten Reiches" und eines neuen Abschnittes der deutschen Schicksalsgeschichte.

Ich wurde am 24. Juli 1871 in Köslin geboren. Köslin war die Regierungsbezirkshauptstadt eines Bezirks der Provinz Pommern. Die Stadt bietet nicht viele Sehenswürdigkeiten. Auf dem kleinen viereckigen Marktplatz steht das Bronzedenkmal FRIEDRICH WILHELMS IV. Die kleinen sauberen Straßen sind von meist zweistöckigen Häusern ohne jeden Stil eingefasst. Über das Kopfpflaster rasselten damals im Wesentlichen nur die Fuhrwerke der umliegenden Güter und Dörfer. Einiges Leben in das erdrückende Gleichmaß der Tage brachten ein oder zwei Schwadronen „Rote Zietenhusaren", die von frühster Jugend an unser Interesse in höchstem Maße auf sich zogen. Viele Erinnerungen habe ich aus dieser Zeit und späteren Besuchen in Köslin nicht mehr.

Mein Vater[2], der 1830 in Greifswald geboren war, war ein großer stattlicher Mann von sehr würdiger, gerader Haltung. Sein schneeweißes Haar war in „Sardellen" über seinen sonst kahlen Schädel gelegt. Er war Oberlehrer am Kösliner Gymnasium, nachdem er sich, elternlos und ganz auf sich selber angewiesen, durch eine schwere Jugendzeit durchgehungert und durchgearbeitet hatte. Jetzt konnte er sich rühmen, die „facultas docendi" für alle Gymnasialfächer zu besitzen. Sein Hauptfach war die Mathematik.

Marktplatz von Köslin um 1870

In seinen Mußestunden arbeitete er an großen mathematischen Problemen, hauptsächlich an den täglichen Schwankungen der Erdachse und ihren Wechselbeziehungen zu Ebbe und Flut. Aber er gestand uns resigniert ein, dass außer einem befreundeten Astronomen wohl niemand sein Werk gelesen hat, das er später zum Teil in einem Programm des Siegener

[2] JOACHIM CHRISTOPH WILHELM TÄGERT (1830-1903)

Realgymnasiums veröffentlichte. Sein Vater[3] war Küster und Kantor an einer der Greifswalder Kirchen[4] gewesen. Auch sein Großvater[5] und Urgroßvater[6] waren Dorfschullehrer und Küster gewesen. Der älteste nachweisbare Vorfahre[7] war von der Niederelbe kommend nach Greifswald übergesiedelt[8].

Mein Vater hatte zwei Brüder[9], die ebenfalls Lehrer, aber ohne männliche Nachkommen waren. Er selbst und seine Söhne waren damit die einzigen Träger unseres Namens in Deutschland[10], wenigstens habe ich nirgends unseren Namen wiederfinden oder nennen hören können. Aber dieser Name ist nicht unser ursprünglicher Familienname gewesen. Bei der Übersiedlung des schon erwähnten Vorfahren[11] wurde sein Abgang im Kirchenbuch seiner Vaterstadt noch mit „TÄGER" verzeichnet, in seinem neuen Aufenthaltsort aber als „TÄGERT" eingetragen.

Der Name TÄGER ist verbreitet. Er kommt auch in der Form TEGGERT vor und bedeutet in dieser Form den Sprecher bei niedersächsischen Bauerngerichten[12].

Mein Vater war sehr belesen. Griechisch las er im Urtext in seinen Mußestunden mit Vorliebe. Er hatte großes pädagogisches Talent. Die alte Geschichte lebte, wenn er sie seinen Schülern vortrug, und seine Art des mathematischen Unterrichts war meisterhaft. Die Vielseitigkeit seiner Bildung erinnerte an die großen Männer der Renaissance.

Meine Mutter, eine geborene KARKUTSCH[13], war die Tochter eines ehrsamen Färbermeisters in Köslin. Ihre Mutter stammte aus Lanzig in Hinterpommern, wo meine Mutter noch zahlreiche Verwandte auf dem Lande hatte und auch später mit uns gelegentlich besuchte. Solche Reisen wurden damals auf offenen Leiterwagen ausgeführt, auf denen aus Säcken Kissen und Decken recht bequeme Sitze hergestellt wurden. Gegen den Regen schützte eine Plane.

---

[3] PAUL HINRICH FRIEDRICH TÄGERT (1806-1840)

[4] Hauptkirche St. Nicolai

[5] JACOB CHRISTOPHER TÄGER 1779-1845, geboren in Greifswald

[6] JÜRGEN JOCHIM TÄGER, genannt „Georg" 1736-1802, geboren in Tripkau-Elbe, etwa seit 1763 in Greifswald, erwarb dort das Bürgerrecht und wurde zum „Amtsmeister" der Schuhmacherzunft ernannt; begab sich im Jahr 1784, angeregt durch seinen Mentor, den halleschen Theologen Theophilus COELESTINUS PIPER, völlig überraschend in das bei Greifswald gelegene Flächendorf Kemnitz, um dort das kirchliche Doppelamt als Küster und Lehrer zu übernehmen; weiteres dazu im Büchlein „Vom Tropfhäusler zum Köster und Schaulmeister" 2013]

[7] der „Schaffmeister von Lenzen" TÄGER, dessen Vornamen und genaue Lebensdaten wir nicht kennen; geboren wohl vor 1670 in Lenzen, gestorben nach 1703 wohl in Tripkau

[8] Das trifft so nicht zu. Dieser Schaffmeister TÄGER siedelte sich nach dem Brand von Lenzen-Elbe 1703 etwa 30 km weiter flussabwärts in Tripkau im Urstromtal der Elbe an. Dort war sein in Lenzen geborener Sohn CASPAR CHRISTOPHER TÄGER (1697-1758) „Kötner und Krüger", d.h. er führte in einem eigenen kleinen Haus einen Dorfkrug und betätigte sich handwerklich als Schuhmacher. Erst dessen Sohn, der oben genannte JÜRGEN JOCHIM TÄGER, brach wohl 1763 nach Greifswald auf.

[9] Der ältere Bruder, CARL AUGUST HERMANN TÄGER (1828-1892), verdankte seine Vornamen sowohl dem in der Familie hochverehrten Halleschen Theologen AUGUST HERMANN FRANCKE, als auch dessen Nachfahren AUGUST HERMANN NIEMEYER. Dessen Enkelin FRIEDERIKE hatte dann JOACHIM CHRISTOPH WILHELM in erster Ehe geheiratet. sie wurde somit die Mutter der fünf älteren Geschwister des Ich-Erzählers. Der jüngeren Bruder ALBERT GUSTAV FRIEDRICH TÄGERT (1833-1895) studierte wohl zunächst in Greifswald Theologie und wurde dann in Berlin Mittelschullehrer. Von Nachfahren ist nichts bekannt.

[10] und wohl auch weltweit

[11] PAUL HINRICH TÄGER(T)

[12] vergl. dazu aber die Analyse im oben genannten Büchlein „Vom Tropfhäusler ...", die eine andere Herleitung des Namens von „Teeger" vornimmt.

[13] EMMA CAROLINA FLORELINE ERNESTINE AMALIA TÄGERT

Mein Vater war zweimal verheiratet. Ich stamme mit meinen Brüdern KARL[14] und HANS[15] aus der zweiten Ehe. Aus der ersten Ehe waren mein Bruder FRITZ[16] und meine Schwestern CLARA[17] und MATHILDE[18] übrig geblieben. Im Ganzen hat mein Vater neun Kinder gehabt.

Siegen

1875 wurde mein Vater als Direktor der damaligen Oberrealschule, des späteren Realgymnasiums, nach Siegen in Westfalen versetzt. Zur Ruhe eines beständigen Haushalts kamen wir aber auch dann noch nicht, da wir im Ganzen siebenmal unsere Wohnung wechselten. Mein Vater war zu bescheiden gewesen, um eine Amtswohnung zu fordern, die dann später seinem Nachfolger ohne weiteres bewilligt worden ist. Der Wechsel von Klima und Umgebung, die Sorgen um die zahlreiche Familie und mancherlei andere Unbilden hatten einen schweren Nervenniederbruch bei meinem Vater zur Folge, den er zum Glück in der Kaltwasserheilanstalt in Nassau überwinden konnte. Er brachte von dort die Gewohnheit mit, sich morgens von uns mit kaltem Wasser übergießen zu lassen, wobei er mit lautem Stöhnen einen wilden Indianertanz aufzuführen pflegte[19].

Joachim Christoph Wilhelm Tägert 1875

Siegen liegt auf einem Hügel mit steilen Abhängen, und alten Befestigungen wunderhübsch zwischen mäßig hohen bewaldeten Bergen. Schon einige Jahrhunderte vor Christi Geburt wurden die reichen Eisenerzvorkommen hier verhüttet und das Eisen durch mit

---

[14] CARL „TEDJE" FRANZ BENJAMIN, geb. 1869

[15] JOHANN OTTO FRIEDRICH, geb. 1874

[16] FRIEDRICH WILHELM ANTON TÄGERT 1863-1950, der seinen zweiten und dritten Vornamen nach dem Vater WILHELM TÄGERT und dem Großvater mütterlicherseits FRANZ ANTON NIEMEYER hatte

[17] CLARA LOUISE ELEONORE TÄGERT, geb. 1862

[18] MATHILDE ANNA CAROLINA, 1864-1910, seit 1893 mit dem Professor des Realgymnasiums Meiderich, dem 1863 geborenen KARL STICHEL, verheiratet

[19] Bereits 1826 hatte der schlesische Landwirt und Naturheiler VINCENZ PRIESNITZ, der ein „funktionaler Analphabet" und Autodidakt war, aufgrund eigener Erfahrungen in seinem Heimatort Gräfenberg nach den Theorien der „Wasserhähne" SIEGMUND und JOHANN HAHN eine Kaltwasserheilanstalt begründet, deren Ruf sich rasch europaweit verbreitete. Als 17-Jähriger war er von scheuenden Pferden umgerissen und vom Wagen überfahren worden; die gebrochenen Rippen hatte er erfolgreich mit ins kalte Wasser getauchten Tüchern gestützt, die Geburtsstunde des „Priesnitzverbandes". Medizinalaccessist EMIL HAUPT (1819-1866) hatte nach Priesnitz' Vorbild eine Kaltwasserheilanstalt in Nassau begründet, das knapp 100 km südlich von Siegen liegt, und war bis zu seinem Tod Chefarzt des „Sanatorium für Nerven-, Herz- und Stoffwechselkranke sowie Erholungsbedürftige". Die Anwendungen hatten besonders im gehobenen Bürgertum großes Echo. Priesnitz' rigide Methoden wurden dann von Pfarrer SEBASTIAN KNEIPP, der seit 1855 in Wörishofen wirkte, mit beachtlichen Heilerfolgen in volkstümliche Bahnen gebracht. Allerdings wurden diese Pioniere noch lange von vielen Schulärzten heftig angefeindet.

Wasserkraft getriebene Hämmer weiterverarbeitet. Später hat sich hauptsächlich das Siegener Blech einen Weltruf erworben. Neben der Eisenindustrie blühte die Gerberei, die ein ebenfalls berühmtes Sohlleder herstellte.

Als Lohe wurde die Rinde von Eichen verwendet, die man in Form von Büschen 18 bis 20 Jahre alt werden ließ und die als Schälwald in der Umgebung reichlich angebaut wurden. Die Siegener Oberrealschule konnte vor kurzem [20] ihr vierhundertjähriges Bestehen feiern. Sie war die Bildungsstätte für die ganze Umgebung, und es sind viele sehr tüchtige Männer aus ihr hervorgegangen.

Die Stadt Siegen selbst ist alt. Die ursprünglich oktagonal gebaute Kirche, die leider später durch rohe Umbauten verschandelt worden war, soll aus dem 10. Jahrhundert stammten. In den letzten Jahrzehnten ist der ursprüngliche Bau mit recht glücklicher Hand

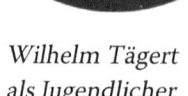

Wilhelm Tägert als Jugendlicher

wieder hergestellt worden, wenn auch die strenge Einfachheit entsprechend dem reformierten Bekenntnis unangetastet blieb. Der mächtige viereckige Turm passte schlecht zu dem übrigen Bau. Man hat ihn aber in der alten Form bestehen lassen. Er hat wohl früher in erster Linie die Rolle des Burgfrieds gespielt.

Wir Jungen fühlten uns in dieser Umgebung äußerst wohl, streiften in den Bergen umher und unternahmen häufig weite Fußwanderungen in die weitere Umgebung. Allerhand Erinnerungen an die alten Zeiten regten immer wieder meine Fantasie mächtig an. Der Schulunterricht war gut, und wir waren auch im Allgemeinen fleißig. Selbst der französische Unterricht zeitigte beachtenswerte Erfolge namentlich in Grammatik und Syntax. Nur mit der Aussprache haperte es, denn der Professor litt an einem Polypen in der Nase und an einem unverfälschten thüringischen Dialekt.

Leider wurde unser Familienleben später überschattet durch eine schwere Nervenkrankheit meiner Mutter[21], die der frühe Tod meines kleinen Bruders HANS[22], der unser aller Liebling war, ausgelöst hatte. Unter dieser Krankheit hatten besonders meine beiden Stiefschwestern[23] zu leiden. Aber andererseits schlossen wir Geschwister uns nur umso fester zusammen, und dieser Zusammenschluss hat bis ans Ende gehalten.

Meine Neigung zur Marine entwickelte sich schon früh. Ich erinnere mich noch deutlich des ungeheuren Eindrucks, den der erste

---

[20] Geschrieben und gemeint wohl 1936. – Ergänzung nach Wikipedia: Die Schule wurde von dem Reformator Erasmus Sarcerius im Jahr 1536 als Lateinschule für das gehobene Bürgertum gegründet, mit einer bereits 1342 urkundlich erwähnten städtischen Pfarrschule als Vorgängerin. Sie durchlief eine wechselvolle Geschichte, bis sie im 19. Jahrhundert nicht zuletzt aufgrund seines naturwissenschaftlichen Schwerpunkts zu einer der bekanntesten Lehranstalten Westfalens aufstieg. Besonders unter Fabrikanten und Kaufleuten war diese Siegener Schule beliebt. Unter der Leitung von Dr. Wilhelm Tägert um die Jahrhundertwende (seit 1875-1903, da war Tägert schon 73 Jahre alt!) steigerte die Schule ihre Schülerzahl auf über 400 und wurde nun offiziell Realgymnasium". Nach der Zerstörung Siegens im Jahre 1944 bezog das Gymnasium in den 1950er Jahren einen Neubau in der Oranienstraße. Seit 2013 arbeitet das Gymnasium unter dem pädagogischen Leitmotto „Aus Tradition mit Verantwortung in deine Zukunft".

---

[21] s.o. EMMA, geb. KARKUTSCH
[22] s.o. JOHANNES, geb. 8.Okt. 1874 gest. Mai 1881
[23] ClAra und MATHILDE, s.o.

Reinhold Werner, Das Buch von der Deutschen Flotte

ten. Ich ließ alle sonstigen Geschenke liegen, setzte mich in eine Ecke und lernte die Takelage einer Fregatte auswendig, natürlich ohne Ahnung, was die Brassen, Fallen, Stage und Pardunen in Wirklichkeit für einen Zweck hatten. Fortgesetzt dachte ich mir Geschichten aus, die alle an Bord spielten und die ich meinen Schulkameraden in der Zwischenpause erzählte. Aber es hat lange gedauert, bis mein Vater meinem Drängen die Seeoffizierslaufbahn zu ergreifen, endlich nachgab. Im letzten Augenblick kam mir darin noch mein Bruder Karl zuvor, der von der gleichen Leidenschaft für diesen Beruf wie ich beseelt war.

Ostern 1889 war endlich der große Tag gekommen, da auch ich nach gut bestandenem Abiturienten-Examen die Schule verlassen und zur Aufnahmeprüfung nach Kiel reisen konnte.

Anblick der Ostsee auf mich machte, als mein Großvater mir auf einem Spaziergang den blauen Streifen am fernen Horizont zeigte und mir sagte: „Das ist das Meer."

Als ich 10 Jahre alt war, bekam ich Reinhold Werners Flottenbuch[24] zu Weihnach-

---

[24] Reinhold von Werner (1825-1909), Deutscher Seeoffizier und Marineschriftsteller. Sein lebendig geschriebenes, umfangreiches „Buch von der Deutsche Flotte" erlebte seit 1866 mehrere Auflagen und entwickelte sich zu einer regelrechten Propagandaschrift für die preußische und kaiserliche Marine, die nicht nur Wilhelm Tägert in ihren Bann zog und zu seinen eigenen Aufzeichnungen inspiriert hat.

Werner hatte seine Marinelaufbahn 1842 in Hamburg auf einem Handelsschiff begonnen und 1849 in die von der deutschen Nationalversammlung 1948 in Frankfurt neu gegründete Reichsflotte eingetreten. Nach deren Auflösung 1852 war er Marineoffizier in Preußen und im Kaiserreich. Mit dem Panzerschiff Arminius beteiligte er sich am deutsch-deutschen Krieg von 1866 und nahm die hannoverschen Befestigungen an Elbe, Weser und Ems ein. Als Geschwaderchef befehligte er Aktionen in Westindien, ohne Billigung des Reichskanzlers Otto von Bismarck, auch zum Schutz deutscher Bevölkerung 1873 auch im revolutionären Spanien; er wurde vor ein Kriegsgericht gestellt, aber freigesprochen. Mit seinem Ausscheiden 1878 erhielt den „Charakter" als Konteradmiral, also einen Ehrentitel ohne Extra-Bezahlung, und wurde in den erblichen Adelsstand erhoben.

2. Das erste Marinejahr: SMS „Niobe" 1889

Mit klopfendem Herzen traten wir, einige sechzig Anwärter, größtenteils Abiturienten, in der Marineschule zur ärztlichen Untersuchung und Eintrittsprüfung an. Die Prüfung selbst wurde uns Abiturienten bei körperlicher Eignung erlassen. Nun folgten die Einkleidung, die einige Zeit in Anspruch nahm und die Einschiffung auf dem alten Segelschulschiff : SMS [25] „**Niobe**" [26]. Der erste Schritt in ein neues Leben mit ganz neuen Lebensbedingungen, ja sogar einer völlig neuen Sprache, war damit getan.

Grundausbildung

Der Schritt war nicht leicht, aber Keiner von uns fünfzig angenommenen Kadetten hatte etwas von seinem Selbstbewusstsein eingebüßt. Es ging nun alles sehr sachlich und schnell vor sich. Zunächst wurden unsere Sachen in den Spinden verstaut, wo sie nach einem genau vorgeschriebenen Plan untergebracht wurden. Gebrauchte Wäsche und Schuhwerk kamen in die Backskisten, die längs der Wände in den Unterbringungsräumen angebracht waren und zugleich als Sitzplätze dienten. Diese Unterbringungsräume waren erstaunlich eng. Wir hausten zu acht in der Backbordmesse im Zwischendeck, wo wir auch aßen und schliefen. Die Waschschüsseln waren unter der Tischplatte des Messetisches untergebracht, die hochgeschlagen werden konnte.

Dann folgte das Einzurren der Hängematten. Eine solche Hängematte bestand aus einem Stück dicken Segeltuchs mit der aufgemalten Schiffsnummer. An beiden Enden

---

[25] SMS, auch S.M.S., „Seiner Majestät Schiff" ist die Eindeutschung der in England üblichen Bezeichnung für Kriegsschiffe HMS „Her/ His Majesty's Ship", die dem jeweils regierenden Monarchen gewidmet waren. Neben SMS wurden im Kaiserreich auch Sonderformen, wie SMY – Seiner Majestät Yacht, SMF – Seiner Majestät Feuerschiff, SMH – Seiner Majestät Hilfsschiff, SMH – Seiner Majestät Werkstattschiff oder SMU – Seiner Majestät U-Boot mit nachfolgender Nummer verwendet. Solche Buchstabenkombinationen, die dem Schiffsnamen vorangestellt werden, sind nicht Namensbestandteil. Oft bezeichnen sie auch Merkmale des Schiffstyps, wie SS – Segelschiff, MS – Motorschiff oder FB – Fährboot usw. Insgesamt sind heute über 100 solcher Kürzel bei Zivil- und Kriegsschiffen in der ganzen Welt bekannt.

[26] Diese erste „Niobe" war als Segelfregatte 1849 auf der Werft Royal Dockyard, Portsmouth England noch ganz aus Eichenholz mit Kupferbeschlägen gebaut und 11 Jahre später für 180 Taler von der preußischen Marine für die Schulung von Seekadetten gekauft worden. Sie hatte bei einer Wasserverdrängung von 1.300 to eine Länge von 43 m, eine Breite von 12,8 m und einen Tiefgang von 5,4 m und konnte 240 - 350 Mann beherbergen. Als Vollschiff hatte sie eine Besegelung von 1.650 m² und konnte maximal 14 kn laufen. Als Bewaffnung trug sie sie anfangs 20 Geschütze, die nach alter Art hinter Pforten innerhalb der Bordwände aufgereiht waren; später wurde sie auf je 6 12-cm und 15-cm-Ringkanonen umgerüstet. Am 18.11.1890 wurde das Schiff aus der Liste der Kriegsschiffe gestrichen. Ihrer Masten beraubt, diente sie als „Hulk", also nicht mehr seefahrendes Schiff für Ausbildungs- Unterbringungszwecke, und wurde 1908 abgewrackt. –

Unter dem gleichen Namen „Niobe" lief 1899 der erste leichter Kreuzer der kaiserlichen Marine vom Stapel, er diente zeitweilig als Begleitschiff der kaiserlichen Yacht „Hohenzollern" sowie beim Ostasiengeschwader und zuletzt bis 1919 als Büroschiff – Dritter Namensträger war der 1913 in Dänemark gebaute Viermastgaffelschoner „Morten Jensen", den 1916 ein deutsche U-Boote aufbrachten. Zunächst als Hilfsfeuerschiff eingesetzt gehörte er ab 1921 der Marine der Weimarer Republik und stand unter dem ersten Kommando von FELIX GRAF LUCKNER. 1922 wurde es zum Segelschulschiff umgebaut und „Niobe" getauft. 1932 sank es vor Fehmarn in einer Windbö und riss 69 Besatzungsmitglieder mit in die Tiefe.

dieses Segeltuchs waren Kauschen angebracht, mit Kupferblech eingefasste Löcher zur Befestigung der Nitzel, deren anderes Ende an zwei starken Ringen zum Aufhängen der Hängematte an Haken befestigt waren. Die Hängematte enthielt eine schmale Matratze, ein Laken, ein Kopfkissen und zwei wollene Decken. Das alles musste nun mit einem erheblichen Kraftaufwand so zusammengerollt werden, dass die Hängematte wie eine dicke Wurst fest geschlossen, und durch kleine Taustreifen zusammengehalten, verschnürt war. Hierbei gingen die ersten Fingernägel zu Bruch. Die übrigen folgten bald bei der Bedienung der harten Segel.

Kadettenschulschiff seit 1860: SMS Niobe

Nachdem die Hängematten in den Hängemattskasten zu beiden Seiten der Reling sauber verstaut waren, bedeckt mit den Hängemattskleidern aus geteertem Segeltuch, wurden wir zum Kennenlernen des Abendmanövers „Bram-Rahen an Deck" an Deck beordert. Da donnerte es nun von der Kommandobrücke her aus dem Munde des ersten Offiziers, Korvettenkapitän LAVAUD, mit etwas belegter Stimme über uns hinweg: „An die Bram- und Oberbramrahjollen, Brassen, Topnants, Niederholer!" Das waren freilich andere Kommandos als „Gewehr über" und dergleichen. Aber es klang doch mächtig forsch. Oben wurden die beiden obersten Rahen senkrecht aufgekippt, von ihrem Tauwerk befreit und dann bis an Deck bzw. bis in den Mars heruntergelassen. Das Ganze durfte nur etwa drei bis vier Minuten dauern.

Es folgten nun einige Wochen militärischer Ausbildung, die unter Leitung des auf Niobe eingeschifften Premierleutnants vom Kieler Seebataillon und einigen Unteroffizieren der gleichen Truppe durchgeführt wurde. Wir liebten diesen Teil der Ausbildung nicht und sehnten uns nach der seemännischen Ausbildung, die dann endlich auch nach etwa sechs Wochen begann, nachdem Niobe ihre In-

dienststellungsarbeiten in der Kieler Werft beendet hatte und an eine der Hafenbojen geschleppt worden war. Nachdem wir unter Aufsicht einiger seemännischer Unteroffiziere gelernt hatten, uns in der Takelage sicher und schnell zu bewegen, was durch das morgendliche zweimalige Wettrennen über die Toppen kräftig unterstützt wurde, folgte die Instruktion über die Takelage selbst.

Im Mai verließen wir unter Segel zum ersten Mal den Kieler Hafen zu einer kleinen Kreuzfahrt nach Eckernförde. Es machte auf mich doch einen großen Eindruck, als sich das Schiff zum ersten Mal ohne jede Einwirkung einer Maschine, denn an Bord gab es keinerlei Maschine oder Hilfsmaschine, unter einer leichten Brise in Bewegung setzte und gehorsam dem Ruder folgte. Das Ruderrad wurde von vier Mann bedient, von denen wir die Nummern drei und vier stellten. Nun hatte die Seefahrt wirklich begonnen.

Streng nach der Etikette gehörte das Steuerbordachterdeck dem Kommandanten Kapitän zur See ASCHENBORN. Ich sehe ihn noch vor mir, wie seine hohe Gestalt mit leicht federndem Gang auf und ab schritt. Plötzlich blieb er stehen und rief: „Kadett der Wache! Ich stolpere hier fortwährend über diesen Gegenstand. Beseitigen Sie ihn". Dieser Stein des Anstoßes bestand in einem winzig kleinen Stückchen Kabelgarn, das noch vom letzten Wendemanöver an Deck liegen geblieben war. Seine Abneigung war symptomatisch für den Geist der Ordnung und Sauberkeit, der alles beherrschte. Aschenborn trug einen großen Vollbart, was damals als eine besondere Männerschönheit galt. Diese Barttracht war traditionell, später änderte sie der Kaiser, indem er allerhöchst das Tragen von Spitzbärten oder glatte Rasur verfügte. Der schöne Vollbart hatte übrigens den Nachteil, dass beim Essen häufig ein Teil der Erbsensuppe in ihm hängen blieb.

Sommerreise Norwegen - England

Nach Kiel zurückgekehrt wurden die Vorbereitungen für die **Sommerreise** getroffen, die

„Entert auf!" – Abbildung aus R. Werner, Flottenbuch

wir am 23. Mai antraten. Sie führte durch das Kattegat zunächst nach **Christiania**. Schon auf dieser verhältnismäßig kurzen Fahrt lernten wir unseren Dienst in See gründlich kennen. Die Mannschaft war in zwei Wachen eingeteilt, jede Wache in zwei Quartiere. Die Wache vom Dienst musste sich jeden Augenblick zu Segelmanövern bereit halten. Die Posten wurden von dem diensthabenden Quartier gestellt. Nachts konnte das freie Quartier in einem im Batteriedeck ausgebreiteten Segel völlig angezogen schlafen, bis ein Wendemanöver auch sie an Deck rief. Das wiederholte sich in dem engen Fahrwasser der Belte alle Viertelstunde und nahm etwa die Hälfte einer Viertelstunde in Anspruch. Viel Schlaf blieb dabei für die Wache nicht übrig.

Der Tag war in sechs Wachen eingeteilt, morgens von 8 bis ½ 1 Uhr, nachmittags von ½ 1 bis 4, von 4 bis ½ 7, von ½ 7 bis 8, nachts von 8 bis 12 Abendwache, von 12 bis 4 Mittelwache, auch Hundewache genannt, und von 4 bis 8 Morgenwache. Die eine Wache hatte also während der Nacht acht Stunden Wache, die andere vier Stunden.

Während der Tageszeit fand außerdem seemännische Ausbildung statt, darunter hauptsächlich Exerzitien mit den Segeln und Rahen. Wir Kadetten hatten den hintersten etwas kleineren Mast, den Kreuzmast, zu bedienen. Mein Posten war auf der Mars-Rah, der zweiten Rah von unten, an deren Ende ich wegen meiner Länge meistens mit einem Knie im „Pferd" meinen Halt suchte. Die Pferde sind dünne Stahltaue, die unter den Rahen hängen und als Stützpunkt für die Füße dienen. Im Wesentlichen aber hält man sich dadurch fest, dass man mit dem Bauch auf der Rah liegt, wobei man beide Arme zum Arbeiten freihat. Man musste die Topographie der Takelage schon recht gut kennen, man musste wissen, welche Taue man anzufassen und welche man zu vermeiden hatte, wenn man nicht mit dem Tau plötzlich eine Himmelfahrtsreise machen wollte. Und das alles auch in stockfinsterer Nacht. Das Auf- und Ab-Entern hatte grundsätzlich in schnellem Tempo zu erfolgen, wobei man oft zwischen den Webeleinen durchtrat und sich die Haut an den Schienbeinen gründlich abscheuerte.

Am 5. Juni ankerten wir in dem wunderschönen Hafen von **Christiania**. Etwa in der Mitte des Christiania-Fjords hatten wir wegen Aussetzen des Windes vor der Insel Dröbak für die Nacht geankert. Es war ein herrlicher Abend zwischen den bewaldeten, hier dicht zusammenrückenden Ufern. Ein großes Boot voll junger Norweger und Norwegerinnen passierte uns. Sie begrüßten uns mit ihren norwegischen Liedern, darunter auch der schönen Nationalhymne „Ja wi ecker dede landet" („Ja, wir lieben dieses Land").

Von Christiania ging die Reise weiter nach **Stavanger** am gleichnamigen Fjord, wo wir sechs Tage blieben und mit einem Küstendampfer eine zweitägige Partie unternahmen.

Unten im Speiseraum war ein geradezu märchenhaftes Büffet aufgebaut, aber leider gehörte ich zur zweiten Hälfte der Hungrigen, die zunächst mit lang heraushängender Zunge durch das Oberlicht zusehen musste, wie die roten Hummern, die herrlichen geräucherten Makrelen und alle anderen Delikatessen im

Handumdrehen verschwanden. Wir wurden auf das nächste Mal vertröstet, das aber nie gekommen ist.

Von Stavanger segelten wir nach dem **Firth-of-Forth** und ankerten dicht bei **Edinburgh**. Diese schöne Stadt bot zahlreiche Sehenswürdigkeiten, darunter auch viele Erinnerungen an Maria Stuart. Wir besichtigten alles unter Führung unseres Kadettenoffiziers, des von uns allen hochverehrten Leutnant zur See SCHMIDT, der uns ein wirklicher Kadettenvater war. Mächtig imponierte uns die

Menetekel des Fortschritts: Einsturz der Brücke am Forth of Tay 1879

noch im Bau befindliche **Firth-of-Forth-Brücke**, die die Schiffe mit den höchsten Masten passieren können[27].

---

[27] Durch den Eisenbahnbau erhielt seit Mitte des 19. Jahrhunderts auch der Brückenbau in ganz Europa starke Impulse. Auch in Schottland wollte man möglichst kurze Verbindung zwischen den Städten Dundee im Norden, sowie Edinburgh und Glasgow im Süden herstellen, doch stellten sich dem Streckenbau zwei mächtige Hindernisse in den Weg: der Firth of Forth bei Edinburgh, sowie der Firth of Tay bei Dundee. Letzterer wurde bereits 1877 mit einer vielgliedrigen Kastenbrücke in Fachwerkbauweise von über 3 km Länge überspannt, bei deren Bau aber die am Fjord herrschenden Windstärken unterschätzt wurden. In einem heftigen Sturm stürzte die Tay-Brücke am 28. Dez. 1879 unter einem vollbesetzten Zug ein und riss 75 Menschen mit in den Tod. Am gleichen Tag, als der Dichter Theo-

Eine Partie nach den schottischen Seen, besonders Loch Lomond und Loch Kathrin, eröffnete uns die Schönheit der schottischen Landschaft.

Nun folgte ein ziemlich langer Seetörn durch den englischen Kanal nach **Dartmouth**, wo wir leider einen unserer Kameraden zu Grabe tragen mussten. Er war an galoppierender Schwindsucht gestorben. Unterwegs war uns der Frischproviant ausgegangen, da wir keinerlei Kühlvorrichtungen

Die erste kaiserliche Yacht „Hohenzollern", ein Schaufelraddampfer

an Bord hatten. Es gab Salzfleisch und Hartbrot, das in Seeromanen gewöhnlich Schiffszwieback heißt, aber ein recht harter und ziemlich geschmackloser Brot-Ersatz ist. An einem der Abende schütteten wir unser ganzes Abendessen über Bord, da es ungenießbar war. Leicht angefaultes Gemüse, ähnliche Kartoffeln und schlecht riechende Salzheringe. Wie die Wölfe stürzten wir uns in Dartmouth

auf die riechen Nahrungsmittel, vor allem auch auf den herrlichen Devonshire-Cream.

Nach kurzem Aufenthalt in Dartmouth ankerten wir auf der Reede von **Cowes** und verlegten nach einigen Tagen unseren Ankerplatz vor das königliche Schloss Osborne, den Sommerwohnsitz der alten Queen. Auf der Reede von Cowes war ein großer Teil der englischen Flotte versammelt, die wir von unseren beiden Kuttern aus mächtig bewunderten. Wie klein und unmodern stachen unsere eigenen alten Schiffe von diesen modernen Riesen ab, als sie als Begleitung der damaligen noch alten kaiserlichen Yacht **„Hohenzollern"** ebenfalls auf der Reede ankerten. Es war der erste Besuch, den der Kaiser seiner Großmutter in England abstattete.

Wir durften dem Parademarsch unserer Landungskorps vor der Königin zusehen, ohne uns selbst daran beteiligen zu müssen. Die alte Dame saß im Rollstuhl, den ein riesiger Sikh schob. Als der Kaiser uns entließ, sagte sie bedauernd, es seien ja noch belegte Brote für uns vorbereitet, die der Kaiser aber leider ablehnte: „Belegte Brote für die sämtlichen Kadetten, soviel hat auch die Königin von England nicht." Wir hatten eine andere Auffassung von den Hilfsquellen der Beherrscherin des britischen Weltreichs, wurden aber leider nicht gefragt.

---

dor Fontane von dem Unglück erfuhr, schuf er sein wohl berühmtestes Gedicht „Die Brücke am Tay", das mit seinen Hexen-Motiven aus Shakespeare's Macbeth vor einem allzu naiven Fortschrittsglauben warnen will.

Dem zunächst zum Ritter geschlagenen Baumeister Sir Thomas Bouch, dem man Konstruktionsmängel vorwarf, entzog man den bereits vereinbarten Auftrag, auch die mächtige Brücke über den Firth-of-Forth zu bauen. Er erlebte seinen Prozess nicht mehr; er erkrankte und starb am 30. Oktober 1880, nur 10 Monate nach dem Unfall.

Eine neue zweigleisige Brücke am Tay wurde unmittelbar 18 m flussaufwärts der alten bereits 1883 begonnen und 1887 fertiggestellt. Noch heute kann man bei Ebbe die Fundamente der alten Brücke sehen.

Die etwas weiter südlich geplante Überbrückung des Firth of Forth bei Queensferry in Schottland wurde 1882 in Angriff genommen und am 4. März 1890 vollendet. Sie wurde auf fünffache Sicherheit angelegt und ist bis heute, als eine der größten Auslegerbrücken der Welt, immer noch in Betrieb (s.u.).

Auf der Rückfahrt von Osborne ankerten wir auf der Reede von **den Helder**, einem kleinen holländischen Hafen, in dem die Freiwache an Land gehen durfte. Wir wurden dort gastlich und reichlich bewirtet, konnten aber abends wegen aufkommenden Schlechtwetters nicht wieder an Bord zurück und mussten die Nacht auf Billards, Sofas und Stühlen verbringen.

Nach viertägiger Überfahrt mit recht frischen Winden ankerten wir noch für zwei Tage vor **Marsstrand** an der schwedischen Küste und anschließend vier Tage vor **Helsingör** bei Kopenhagen. Auf der Überfahrt von Marsstrand nach Helsingör wurden wir, noch unter vollen Segeln fahrend, von einer plötzlichen Hagelbö überrascht.

Wir saßen noch beim Frühstück, als der Alarmruf: „Alle Mann auf! Klar zum Segelbergen" und ein gleichzeitiges schweres Überholen des Schiffs uns an Deck stürzen ließ. Hier wurden zunächst die großen Untersegel geborgen, Bram und Oberbramsegel waren bereits vorher weggenommen. Dann wurden wir nach oben geschickt, um zunächst die Marssegel zu reeven. Dies bedeutet eine Verkleinerung des Segels, indem man eine oder mehrere Falten an der Rah bildet und befestigt. Hierbei müssen die äußeren Ränder des Segels zunächst straff geholt werden.

Da haben wir denn oben an die zwei Stunden mit den prasselnden Hagelkörnern im Gesicht unser Kreuzmarssegel erst gereevt und dann ganz weggenommen. Niemand konnte stolzer sein als wir, als dann der Kommandant persönlich unsere Bewährung als Seeleute anerkannte.

Unglücksfälle

In **Kopenhagen**, dieser fröhlichen, leichtlebigen Stadt, gefiel es uns ausnehmend. Ohne Kiel anzulaufen, segelten wir von hier nach **Zoppot**. Von dort aus besuchten wir die Marienburg.

Als wir abends nach Zoppot zurückkehrten, war ein starker Nordwind aufgekommen, der eine nicht unerhebliche Brandung am Strande von Zoppot hervorgerufen hatte. Man hatte, um uns abzuholen, einen Kutter und eine Jolle geschickt, die sich aber bei dem herrschenden Seegang als zu klein erwiesen. Die vom Kutter geschleppte, überfüllte Jolle, in der auch ich saß, schlug bald nach dem Ablegen voll und versank, da wir das eingedrungene Wasser mit unseren Halbschuhen schöpfend nicht bewältigen konnten. Es war schon ganz finster geworden. Ich hatte die Entfernung zum Strande überschätzt und schwamm quer zu den Brechern auf den Landungssteg zu, wobei ich im Gischt der Brecher schon viel Wasser schlucken musste. Am Landungssteg fand ich bereits meinen Kameraden HERR an einem der grünen, glitschigen Brückenpfeiler kleben. So konnte ich wenigstens mit Hilfe seines bestrumpften Fußes auch Halt auf der anderen Seite desselben Stützpfeilers gewinnen.

Man ließ uns einen Stuhl an einer Flaggleine herunter, den Herr an dem Verbindungsleisten zweier Beine fasste und so heraufgezogen wurde. Als der Stuhl wieder für mich erschien und man mich bereits aus dem Wasser herausgezogen hatte, brachen die Leisten, und ich plumpste wie ein Bleiklotz ins Wasser zurück. Erst als ich mir die Flaggleine um einen Unterarm gewickelt hatte, wurde auch ich herausgezogen und auf meine Beine gestellt, wo ich mich prompt des übergenommenen Seewassers entledigte. Man packte uns im Kurhaus in Betten, gab uns Glühwein, und wir fühlten uns recht wohl, bis uns leider der zurückgekommene Kutter abholte.

Bei den viermal in der Woche wiederholten Segelexerzitien, die wild genug wurden, wenn alle drei Masten miteinander um die kürzeste Zeit wetteiferten, trat auch mehrfach die Gefahr dieser Exerzitien deutlich genug an uns heran. Das erste Mal, es war bei „Bramstengen an Deck", versuchte der Topps-Kadett frei auf der Mars-Rah stehend noch ein Seil, das hängen geblieben war, von der Stenge los zu machen, die mit erheblicher Geschwindigkeit an ihm vorbeiglitt. Er bückte sich zu weit vornüber und fiel etwa 15 Meter tief auf das Dach des Kartenhauses und schlug mit dem Schädel auf. Aber dieser Schädel war hart, der Kadett nach wenigen Tagen wieder dienstfähig, später hat er dann doch in leichtem Irrsinn geendet.

Das zweite Unglück geschah beim „Segel-los" machen. Ein Kadett riss mit aller Kraft an einem Ende, mit dem das Segel an der Rah befestigt war. Plötzlich gab dieses Ende nach, er schlug hinten über; das Pferd wurde, wie immer bei solchen Unfällen, plötzlich nach vorn gedrückt, eine große Gefahr für die übrigen Rahgäste. Der Fallende landete in den Strecktauen, die zum Paradieren über der unteren Rah gespannt waren, mit dem Kopf nach unten, konnte Halt gewinnen, sich aufrichten und wollte gleich wieder aufentern. Daran wurde er aber doch von dem Kadettenoffizier durch „enter nieder" gehindert. Er war noch recht blass.

Das dritte Mal fielen zwei Unteroffiziere im Großtopp von der Mars-Rah vornüber herunter. Zum Glück standen die Segel prall voll. Nachdem sie das Marssegel passiert hatten, landeten sie auf dem ebenfalls stark ausge-

Geschützausbildung, aus: R. Werner, Flottenbuch

bauchten Großsegel, kriegten auch noch jeder ein Ende zu fassen und landeten ohne die geringste Beschädigung an Deck. Es war gut, dass die Gnade des Schicksals nicht noch ein viertes Mal herausgefordert wurde.

Gefechtsausbildung

Neben dem Segelexerzieren ging auch die theoretische Ausbildung einher, die sich in erster Linie auf Segeln und Takelage, Ortsbestimmung und Loggen und Loten erstreckte. Bei allem wurden aber nur die ersten Anfangsgründe durchgenommen.

Ein sonderbar zeitloses Spektakel bildete die Gefechtsausbildung. Es gab auf jeder Seite der Batterie vier kurze 15-cm- und zwei 12-cm-Geschütze. Die ersteren mit Schleischienenkompressen-Rücklaufbremsen, die anderen mit sonderbaren Bremsautrommeln und Radlafetten. An diesen veralteten Geschützen ließ sich recht gut exerzieren und ein so gründlicher Materialunterricht abhalten, als ob wir die Lafetten neu konstruieren und kein Niet vergessen sollten.

Mit den Treffergebnissen sah es etwas kümmerlich aus. Es war damals noch die goldene Zeit, in der man zu einer Artillerieschießübung eine Holzpyramide mit einer Fahne als Scheibe über Bord warf. Man umkreiste sie mit dem Schiff und schoss, mehr nach Schätzung als Messung, meistens vorbei. Aber das machte nichts. In einem der über der Reling hängenden Kutter saß der Feuerwerker mit einem langen Kieker, er beobachtete die Scheibe und rief mit unfehlbarer Sicherheit aus: „Dicht an der Fahne vorbei," dann wurde der Schuss als Treffer angeschrieben.

Zum Schluss musste dann der Offizier der Wache, wenn nicht der Kommandant sich diesen Sport selbst vorbehielt, versuchen die Scheibe zu rammen. Rammen war modern. Tegethoff hatte bei Lissa das italienische

Flaggschiff in den Grund gerammt[28]. Aber auf dem Schulschiff „Niobe" war das Rammen nur ein Symbol. Hand in Hand mit ihm erfolgte in der Batterie das Kommando: „Klar zum Stoß." Hierbei warf sich die ganze Bedienungsmannschaft mit Vehemenz auf den Boden, ängstlich bedacht, dass nicht etwa ein bei dem schrecklichen Rammstoß nach vorn schwankendes Geschütz über die eigenen Glieder ging.

Gefechtsszene aus Frederick Marryat,
„Der Flottenoffizier"

Oben an Deck aber ging es lustiger zu. Hier erfolgte das Kommando: „Klar zum Entern an Backbord." Es ist ewig schade, dass wir damals nicht fotografiert worden sind. Wir stürmten mit den Entermessern, leicht gekrümmten Säbeln mit Klingen von etwa 15 cm Breite und mit den Enterpieken, spitzen Speeren, auf das Vorderschiff. Hier wurde gemimt, dass man die beiden durch den Stoß zusammenhängenden Schiffe durch dicke Taue noch fester zusammenband, Scharfschützen schossen mit Platzpatronen, man benahm sich überhaupt so, wie Marryat es dutzendfach so anschaulich und lebendig beschrieben hat[29].

Ich vermute, dass ein altes verstaubtes Reglement hier noch als Witz weiterbefolgt wurde. Im Ganzen genommen war eine solche Übung stets erfrischend lebhaft und die Aufgabe, wie man sich in der Takelage bei plötzlich auftretenden unvorhergesehenen Situationen zu benehmen hat, musste in vielfacher Form immer wieder neu gelöst werden.

Schließlich ging auch dieser Sommer zu Ende. Die „Niobe" entließ ihre Kinder, ich glaube es war ungefähr zum 25. Mal, jedenfalls zum vorletzten. 1890 ist sie außer Dienst gestellt worden und zur bleibenden Ruhe in die Werft eingegangen.

Ich habe sie später wieder einmal besucht

---

[28] Vergl. die Information in Kap. 4 über „Lissa" zur Winterfahrt des Übungsverbandes ins Mittelmeer

[29] Wilhelm Tägert erinnert sich damit an die beliebte Lektüre seiner Jugendzeit, die ihn bei seiner eigenen Berufswahl mit inspiriert haben dürfte: FREDERICK MARRYAT (1792-1848) war englischer Marineoffizier und Schriftsteller. Bereits als 14-Jähriger durfte er als freiwilliger Seekadett auf der Fregatte Impérieuse von Kapitän Lord COCHRANE anheuern, ein Schiff, das ihn in späterer Zeit zu zahlreichen Seegeschichten inspirierte. Seine zahlreichen, gewandt geschriebenen Seeromane wurden bei Jung und Alt gern gelesen und mehrfach ins Deutsche übersetzt und eindrucksvoll illustriert. Seine Tochter FLORENZ und sein Sohn FRANK S. MARRYAT traten schriftstellerisch in seine Fußtapfen; Letzterer führte auch den unvollendeten Roman seines Vaters „The Little Savage" zu Ende, eine der beliebten „Robinsonaden" um einen Jungen und einen schurkischen Seemann.

und bin doch ganz überrascht worden, wie winzig klein die Räume waren, in denen wir zu etwa Dreihundert untergebracht waren. Ich rief mir wieder das leise scharrende Geräusch in Erinnerung, mit dem sich wie auf Kommando nachts die Hängematten beim Schlingern auf einander schoben, so dass man abwechselnd den rechten und linken Nachbarn seitwärts unter Druck setzte. Was machte das schon, und wie weit war uns doch die Welt geworden! Wir hatten mancherlei wichtige Dinge fürs Leben gelernt; Disziplin, Kameradschaft, Ordnung und keine Scheu vor persönlicher Verantwortung. Das waren wohl die wichtigsten.

Nachdem wir mit einer kurzen packenden Rede des Kommandanten entlassen worden waren, zogen wir in die Marineschule in Kiel ein.

3. Die Marineschule in Kiel, Winter 1889 bis Frühjahr 1890

Die Marineschule war damals noch ein ziemlich neuer Bau[30]. Der Stil war rein fiskalisch, aber die Raumeinteilung im Ganzen doch recht zweckmäßig. Oben im dritten Stock lagen unsere Quartiere. Wir hatten zu je vier Personen ein Arbeits- und Wohnzimmer und ein Schlafzimmer. Das Mobiliar war einfach. Im Mittelgeschoss waren die Klassenräume und die Repräsentationsräume. Unten waren der Speisesaal, der Erholungsraum und die Wohnung des Direktors und des Ökonomen. Zwi-

Marineschule Kiel 1888

schen der Schule und dem Hafen lagen recht gute Tennisplätze, dahinter eine eigene Landebrücke und Schuppen für unsere Übungsboote.

Drei Inspektionsoffiziere, darunter auch wieder unser beliebter Schmidt, aßen mit uns und betreuten uns. Das Essen war nicht schlecht, aber der Unterschied zu Anfang und später war sehr merkbar. Mäkeleien wurden aber nicht gerne gesehen. Wir demonstrierten daher einmal auch in anderer, aber sinnfälliger Form. Aus allen Bouletten wurde eine Girlande gemacht und unser Abendgericht in dieser Form um die Tür des Ökonomen dekoriert. Das half für einige Zeit.

Im Unterricht wurden die Fächer, deren erste Grundlagen wir schon auf der Niobe

---

[30] Nach dem deutsch-dänischen Krieg 1864 hatte die preußische Regierung beschlossen, die bisherigen Marineschulen von Stettin, Danzig und zuletzt Berlin vom Binnenland wieder an die See zu verlegen. In Kiel besaß die preußische Marineverwaltung in der Muhliusstraße bereits Gebäude und Grundstücke, wo die Schule 1866 Einzug hielt. Wegen Überfüllung und räumlichen Unzulänglichkeiten – die Schule war zunächst nur auf 40 Seekadetten ausgelegt – wurde ein Neubau angestrebt, der im „Dreikaiserjahr" 1888 an der Förde eröffnet werden konnte. Neben der Aufgabe als Marineschule zur Ausbildung von Seekadetten sollte die angeschlossene Marineakademie laut Dienstvorschrift „die Seeoffiziere durch weitere wissenschaftliche Fortbildung in den Stand setzen, sich für die höheren Stellen der Marine besonders geeignet zu machen." – 1910 wurde die Schule nach Flensburg verlegt.

kennengelernt hatten, nun gründlicher durchgenommen. Es war ein ganz stattliches Bukett, das in sechs Monaten erledigt werden musste: Seemannschaft, Navigation, d.h. Ortsbestimmung, Artillerie, Torpedolehre, Landtaktik, Mathematik, Physik, Chemie, Englisch und Französisch. In der Schlussprüfung wurden wir nach unseren Leistungen rangiert und damit unsere Ancienität[31] bis zur späteren Berufsprüfung festgelegt. Wir sind eigentlich recht fleißig gewesen, atmeten aber alle auf, als es dann wieder im Frühjahr an Bord ging.

Auch unserer gesellschaftlichen Erziehung wurde gedacht. Es gab Tanzstunden, und wer das Glück von „Beziehungen" hatte, konnte auch Familienverkehr haben. Mir ist das Haus Niemeyer damals fast zu einer zweiten Heimat geworden. Der Direktor NIEMEYER vom Kieler Gymnasium war der Schwager meines Vaters[32]. Er war schon seit vielen Jahren von Artritis deformans so geplagt, dass er sich nur mühsam mit zwei Stöcken bewegen konnte, hatte aber sein von Natur heiteres Temperament dadurch nicht überschatten lassen. Seine beiden Söhne waren Ärzte, seine Töchter sehr begabte Mädchen in meinem Alter.

Als das Frühjahr herannahte, kehrte das Übungsgeschwader aus dem Mittelmeer zurück, auf dem unsere Vorcrew, darunter auch mein Bruder Carl[33], eingeschifft war. Diese jungen Würdenträger imponierten uns sehr. Sie fuhren selbständig als Bootskadetten, hatten bei schlechtem Wetter dabei allerhand Abenteuer, waren Rekruten-Unteroffiziere. Viel hatten sie in den fremden Ländern gesehen und erlebt, wonach auch uns der Sinn stand.

So begrüßten wir denn mit größter Freude die Abschlussprüfung, nach deren Bestehen wir die schwarzen Hornknöpfe mit goldenen vertauschten und das schlichte Infanterieseitengewehr mit dem vergoldeten Dolch, silberne Achselschnüre, das silberne Portepee und die Mützenstickerei mit Eichenlaub und Krone um die schwarz-weiß-rote Kokarde kamen hinzu. Wir waren damit Vorgesetzte geworden.

Wilhelm Taegert
als junger Offiziersanwärter

---

[31] „Altersstufe", bezeichnet bei Offizieren ein Beförderungsprinzip nach dem „Dienstalter", im Unterschied zum reinen Alters- oder Leistungsprinzip. So sollte ein Konkurrenzdenken vermieden und der Corpsgeist gestärkt werden. Allerdings wurde auch manche „Niete" mitgeschleppt.

[32] d.h. der Bruder der ersten Frau von WILHELM TÄGERT sen., FRIEDRIKE NIEMEYER (1833-1865).

[33] CARL TÄGERT (1869-1946), einer der älteren Brüder von Wilhelm Tägert, hatte ebenfalls die Laufbahn als Seeoffizier angetreten. Er wurde nach Ende des Ersten Weltkrieges als Konteradmiral in den Ruhestand entlassen.

4. Zweijährige Praxis auf Panzerschiffen 1890-91:

Als Seekadett an Bord SMS Preußen von Mai bis September 1890

Nach unserem Ausbildungsplan sollte sich nach der praktischen seemännischen Ausbildung und dem Besuch der Marineschule während der Wintermonate nunmehr eine **zweijährige Praxis auf Panzerschiffen** anschließen. Ich wurde an Bord SMS „Preußen" kommandiert. Dies waren die ersten in Deutschland gebauten gepanzerten Schiffe mit drehbaren Türmen zur Aufnahme der Geschütze, gebaut zu einer Zeit, als die Kaiserliche Marine ihre Abhängigkeit von ausländischen Werften abzulegen begann[34].

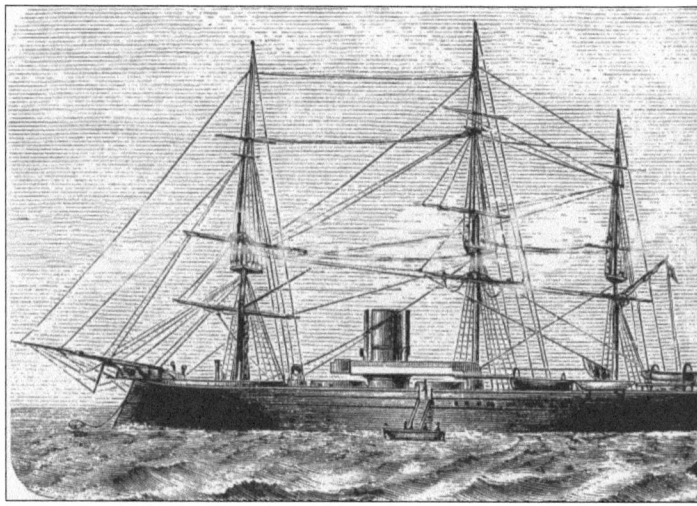

SMS „Preußen"

SMS „Preußen"

Dieses Schiff ist 1877 fertig geworden, es hatte rund 4.000 ts Wasserverdrängung[35], 5400

ihp[36],500 Mann Besatzung, vier 26 cm- und zwei 17 cm-Geschütze. Die 26 cm standen in zwei drehbaren Türmen, je ein 17 cm unter der Back und unter dem Heck, Letztere in der Kommandanten-Kajüte. Klappte man die Reling herunter, so war das Schussfeld nach beiden Seiten für die Türme frei, bis auf die Richtungen zur Back und zur Schanze. Die Türme wurden mit Dampf bewegt, die Konstruktion war einigermaßen unhandlich. Die Scharten waren eng, was die Schussweite stark einschränkte.

Das Schiff hatte damals wie alle diese alten Panzerschiffe noch eine reduzierte Segel-Takelage, die aber nur die alten Marsrahen als Unterrahen führte, darüber an den alten Stengen die alten Bramrahen als Marsrahen. Eine praktische Bedeutung hatte diese Takelage überhaupt nicht mehr, außer zum Aufhängen von Wäsche oder zum Paradieren,

---

[34] Offiziell bezeichnete man die Schiffe dieses Typs zunächst als „Panzerfregatten" und ab 1884 als „Panzerschiffe". SMS „Preußen" war als erste von drei Panzerschiffen seiner Klasse bei der Vulkanwerft in Stettin vom Stapel gelaufen. Ursprünglich als „Kasemattschiffe" geplant, deren starre Kanonen neben Breitseiten auch nach vorn und hinten feuern konnten, wurden sie schließlich als „Turmschiffe" gebaut, deren Geschütze drehbar waren. Die Panzerung bestand aus Schmiedeeisen auf Teakholzplanken. Sie war an der Zitadelle und den Türmen rd. 20 cm dick. Der Gürtelpanzer, der die Schiffe seitlich an der Wasserlinie schützte, maß vorn und achtern gut 10 cm, in der Schiffsmitte fast 23 cm. Die Schiffe trugen an drei Masten 1.834 Quadratmeter Segelfläche. Zusätzlich besaßen sie Dampfmaschinen, die ihnen eine Höchstgeschwindigkeit von 14 Knoten erlaubten. 1903 bekam ein neu gebautes Linienschiff den Namen SMS Preußen. Die alte „Preußen" wurde 1906 zum Kohlenbunker umfunktioniert und nach Kriegsende 1919 in Wilhelmshaven abgewrackt.]

[35] nach anderen Angaben 6.820 to

[36] „Indizierte Motorleistung in Pferdestärken"

denn Rahsegel waren nicht mehr vorgesehen.

Die „Preußen" hatte ursprünglich noch zwei Schwesterschiffe gehabt: „Friedrich der Große"[37] und „Großer Kurfürst"[38]. Als alle drei Schiffe zusammen mit dem alten „König Wilhelm" als Flaggschiff 1877 eine Übungsreise in Richtung Mittelmeer angetreten hatten, rammte der „König Wilhelm" den „Großen Kurfürst" so unglücklich, dass letzterer alsbald mit großem Menschenverlust

Rettungsaktion beim Untergang des „Großen Kurfürst" 1877

sank, während „König Wilhelm" eine schwere Havarie davontrug, die zu einer völligen Erneuerung des Bugs führte[39].

Dieser Unfall wurde herbeigeführt durch ein missverstandenes oder vielleicht auch falsch gegebenes Ruderkommando auf „König Wilhelm". Die kaiserliche Marine und vorher die preußische kommandierten damals noch das Ruder nach der Pinne, das heißt, wenn das Ruderblatt hart nach Steuerbord gedreht werden sollte, um das Schiff nach Steuerbord zu drehen, lautete das Kommando nicht wie jetzt „hart Steuerbord", sondern „hart Backbord". Diese merkwürdige Ausdrucksweise stammte noch aus der alten Segelschiffszeit, als man das Ruder noch nach der Läge der Pinne kommandierte, des waagerecht in den Ruderschaft gesteckten Balkens, der, wie die Pinne beim Bootssegeln, bewegt wurde. Der greise König Wilhelm I. ist damals von dem Unglück tief erschüttert gewesen und soll sich mehrere Tage in seinem Zimmer eingeschlossen haben. 70 Jahre später nahm man von einem Unfall, bei dem 270 Menschen[40] das Leben verloren, weniger Notiz.

Bei unserer Verteilung auf die verschiede-

---

[37] 1874 in Kiel gebaut

[38] 1875 in Wilhelmshaven vom Stapel gelaufen

[39] Das Unglück geschah bei Verbandsübungen vor Folkestone im Ärmelkanal. Die beiden Schiffe segelten gerade in zwei Parallellinien vor Folkestone, als plötzlich vor ihnen zwei kleine Boote auftauchten. Beim Versuch auszuweichen, schwenkte die Großer Kurfürst nach Steuerbord, da der Wachoffizier den Befehl missverstanden hatte und wurde von der größeren König Wilhelm gerammte, die ihr die Seite aufriss. Da weder die Schotten noch die Stückpforten geschlossen waren, lief das Schiff rasch voll.

Trotz sofort herbeigeeilter Hilfe fanden 284 Mann den Tod, die auf dem Cheriton Road Cemetery in Folkestone beigesetzt wurde; an sie erinnert ein heute noch vorhandenes Denkmal. Als Ursache wurde die mangelnde Erfahrung der Mannschaft ausgemacht; der Zeitplan zwischen Indienststellung und gemeinsamer Ausfahrt war zu knapp. Als Folgerung wurde den Mannschaften mehr Zeit zum Einfahren gewährt, damit sie sich mit allen Eigenheiten und Funktionen „ihres" Schiffs vertraut machen konnten.

---

[40] Nach anderer Beschreibung 284, s.o. - Hier spielt Wilhelm Tägert auf die hohen Menschenverluste im II. Weltkrieg an, denen 1944 auch ein einziger Sohn Werner auf See zum Opfer fiel. Seitdem übernahm er an den beiden Enkeln Sven und Michael die Vaterrolle.

nen Stationen fiel mir die Rolle „Ordonnanzkadett des Kommandanten" zu. Dieser Kommandant war uns immer etwas unheimlich. Er war nicht grob, aber von einer stillen Strenge. Wenn man ihn auf der Kommandobrücke sah, wie er mit seinem schwarzen Pinscher über das Schutzkleid der Kommandobrücke mit zusammengekniffenen Augen nach vorne sah, fiel sofort die Ähnlichkeit zwischen beiden auf. In seinem Äußeren war der Kommandant sehr elegant und peinlich genau, zum Dienst erschien er fast immer mit weißen Glaceehandschuhen, mit denen er zum Schrecken der Deckoffiziere die Reinlichkeit in den weniger zugänglichen Ecken und Winkeln prüfte.

Kadettenoffizier war diesmal Kapitänleutnant FRIEDRICH VON INGENOHL, später im ersten Weltkrieg erster Flottenchef. Unter den Wachoffizieren befand sich auch Graf PLATEN ZU HALLERMUND, mit dem ich später noch öfter auf das gleiche Schiff oder die gleiche Station kommandiert gewesen bin.

Abweichend von dem Gebrauch bei der Armee, wo das Offizierskorps eines Regiments einen festen Verband mit nur gelegentlichem Austausch der Personen bildet und wo zum Teil schon eine mehr als hundertjährige Tradition des Offizierskorps gepflegt wurde, wechselten bei der Marine die Zusammensetzungen der Offizierskorps auf den Schiffen und bei den Marinelandteilen fortwährend. Neue In- und Außerdienststellungen, lange Reisen ohne zwischenzeitliche Rückkehr des betreffenden Schiffs, oder vorübergehende, durch die Jahreszeit bedingte

Kadettenoffizier Friedrich v. Ingenohl

Außerdienststellungen brachten einen fortgesetzten Wechsel in der Besetzung der Offizierskopps mit sich. Auch ich wurde in den nächsten zwei Jahren auf vier verschiedene Schiffe kommandiert, denen in den nächsten vier Jahren sechs weitere folgten.

Geschwaderreise nach Norwegen

SMS Preußen hat im Sommer 1890 keine größeren Reisen unternommen, bis auf eine **Geschwaderreise nach Norwegen**. Der Sommer verlief sehr arbeitsam und für die Besatzung ziemlich anstrengend. Schieß- und Gefechtsübungen, Boots- und Landungsmanöver, Tag- und Nachtfahrten im Verband füllten die Wochen und Monate bis zu den großen Besichtigungen und bis zur Kieler Woche aus. Man lernte mehr und mehr auch mit einer geringen Dosis Schlaf auszukommen, wie es das Training zum späteren Wachoffizier erforderte.

Wir alle gingen in See unsere Wachen, im Hafen waren die Bootskadetten wachfrei. Sie steuerten die von ihnen befehligten Dampfboote selber zum Nachteil ihrer weißen gestärkten Hemdbrüste. Erst verhältnismäßig spät durften an ihrer Stelle die geschlossenen Jacketts angelegt werden.

Es war also für alle Besatzungen eine froh begrüßte Abwechslung und Erholung, als wir nach Beendigung der Kieler Woche nach **Norwegen** fuhren. Zunächst begleiteten wir die kaiserliche Yacht „Hohenzollern" bis **Christiania**. Der Kaiser stattete hier dem König von Schweden und Norwegen einen Besuch ab. Nach Entlassung von diesem Geleit-

Karriolfahrt mit Norwegerin, hist. Postkarte 1890, koloriert

dienst ankerten wir in **Bergen**. Diese alte malerische Stadt gefiel mir sehr.

Das Schönste aber war ein zweitägiger Ausflug mit unserem Kadettenoffizier. Zunächst ging es in vierstündiger Fahrt mit der Eisenbahn längs eines Fjordes und beständig an fast senkrechten Felswänden entlang tief in das Innere des Landes hinein, das Gebiet der großen Gletscher streifend. Dann folgte eine Karriolfahrt[41], einspännig mit Ponys, bei der ich mit meinem Freunde Ackermann in jugendlicher Begeisterung und bei herrlichstem Wetter alles genoss, was sich dem Auge

Nachmittags kamen wir in Stalheims Hotel an, wo wir sehr gut untergebracht waren und wo am Abend auch noch der Kaiser mit seinem Gefolge ganz unerwartet

eintraf. Das Hotel liegt am **Naeroedalen**, einer tief eingeschnittenen Schlucht, von deren fast senkrechten Wänden rechts und links je ein mächtiger Wasserfall tief herunterfällt. Ihr Brausen ist auf je einen Ton abgestimmt, die beide zusammen etwa eine Terz ausmachen, ein eigenartiger Eindruck, der auch in der Stille der Nacht bestehen blieb. Mein damals geführtes Tagebuch hebt daneben das vorzügliche Abendessen und die malerisch angezogenen hübschen Bienerinnen bei der Tafel hervor, die zu Ehren des hohen Gastes Festschmuck angelegt hatten«

Nach unserer Rückkehr folgten noch kombinierte Landungsmanöver bei **Gdingen** und bei **Alsen**.

Stalheims Hotel am Naerroedalen, hist. Postkarte 1890, koloriert

---

41 „Karriól" (frz. carriole) ist ein leichtes, meist einachsiges Fuhrwerk, das von einem Pferd gezogen wurde und insbesondere von fahrenden Landbriefträgern benutzt wurde („Karriolpost"). Neben dem Kutscher hatten noch ein bis zwei Personen Platz. Im preußischen Postwesen wurde das Gefährt gern auf Nebenstrecken eingesetzt.

Als Seekadett an Bord SMS „Kaiser"

Im Herbst 1890 fand eine Neuverteilung unserer Crew auf die Schiffe des Übungsgeschwaders statt. Dieses Geschwader bestand damals aus den Panzerschiffen „Kaiser", „Deutschland", „Friedrich Karl", „Preußen" und dem Aviso „Pfeil"[42]. Später trat der neue Kreuzer „Prinzess Wilhelm" noch hinzu. Geschwaderchef war der Contreadmiral SCHRÖDER[43], sein Flaggleutnant CURT KALAU VOM HOFE (1850–1936).

Die SMS „Kaiser" und ihr Personal

Kommandant des „Kaiser" war damals Kap.z.S. CONRAD FRH.VON BODENHAUSEN, ein Edelmann vom Scheitel bis zur Sohle, ein Typ, der bereits damals anfing selten zu werden und für den die heutige Zeit kaum noch Verständnis zu haben scheint.

Der I. Offizier, Korvettenkap. R., war ungefähr das genaue Gegenteil des Kommandanten; seine rohe und brutale Art machte ihn allgemein äußerst unbeliebt.

Der Navigationsoffizier war Kapltnt. LUDWIG VON SCHRÖDER, mit dem Spitznamen „der Stichelhaarige"; er führte später im I. Weltkrieg das Marinekorps in Flandern mit großem Erfolg[44]. Er war auf dem Schiff sehr gefürchtet bei denen, die Grund dazu hatten, aber uranständig und von einem weichen Herzen.

Unter den Wachoffizieren war wieder der Kadettenoffizier SCHMIDT vertreten, unter den Unterleutnants ALFRED MEYER[45], der spätere Kommandant von Tsingtau im I. Weltkrieg

Das Schiff „Kaiser" war ein Kasematt-Schiff

Ludwig v. Schröder, „der Stachelhaarige", mit General v. Hindenburg bei Bordvisite um 1916

von rund 4.600 ts Wasserverdrängung. Es hatte 600 Mann Besatzung, acht 26 cm- und ein 21 cm-Geschütz. Es konnte mit Höchstfahrt etwa 14 ½ Meilen laufen und mit rund 300 Tonnen Kohlen etwa 3400 Seemeilen zurücklegen. Das Schiff wurde ebenso wie sein Schwesterschiff „Deutschland" 1875 fertig und sofort in Dienst gestellt. Artilleristisch war es den neueren englischen Schiffen unterlegen, verfügte aber doch über eine ziemlich erhebliche Kampfkraft. Von unserem Jahrgang waren 22 Kadetten an Bord.

Ich wurde mit drei anderen Seekadetten dem Stabe des Geschwaderkommandos als Signalkadett zugeteilt. Unser unmittelbarer Vorgesetzter war der Flaggleutnant; aus dem allgemeinen Schiffdienst schieden wir aus. Zum Zwecke unserer Ausbildung wurden wir im Laufe dieses halben Jahres zur Verwendung in der Maschine und als Geschützkommandeur vorüber gehend umkommandiert.

---

[42] Ein Aviso ist ein eher leichtes, schnelles Boot zur Übermittlung von Nachrichten

[43] wohl Wilhelm Schröder (1842-1908), deutscher Konteradmiral

[44] Vergl. das Foto mit der anerkennenden Bordvisite durch Hindenburg.

[45] der sich seit 1903 „Meyer-Waldeck" nannte.

SMS „Kaiser" um 1890

Der Zweck unserer **Winterreise** war der, unabhängig von Eis und sonstigen Winterstörungen die regelmäßige Ausbildung der Seekadetten und der neu eingestellten dienstpflichtigen Matrosen und Heizer, besonders auch der vierjährig freiwilligen Matrosen, planmäßig fortsetzen zu können. Wir waren diesmal recht gut untergebracht. Unsere Messe war geräumig, sehr hoch, und da sie im Batteriedeck lag, gut gelüftet. Unsere Hängemattsplätze waren in der Achterbatterie getrennt von der Mannschaft.

In der Messe sah es, besonders am Anfang der Reise, bunt genug aus. Dass nasse Kleidungsstücke herumhingen, war eigentlich selbstverständlich, nicht aber, dass der Raum unter dem einzigen verfügbaren Tisch mit Schinken und Würsten in Gips zugebaut war. Später fanden sich Kanarienvögel und Sittiche ein, die fröhlich in Bauern untergebracht waren, die über dem Esstisch hingen. Die Proteste der Suppe-Esser gegen diese animalischen Mitesser kamen erst zum Ziel, als der letzte Sittich, wie es hieß, „aus Versehen", durch die offene Käfigtür und Seitenpforte die Freiheit gewonnen hatte. An Stelle dieser Vögel traten später zwei Malteser-Hunde, die sich höchst verdächtig für unseren präservierten Wurst- und Schinkenvorrat interessierten. Auch sie haben Deutschland nicht zu sehen bekommen.

Mit dem Übungsgeschwader auf Winterreise im Mittelmeer 1890/91

(Vergl. die Übersichtskarte des Reiseverlaufs auf S. 45)

Am 8. Oktober 1890 ging das Schiff von Kiel in See und um Skagen herum nach **Wilhelmshaven**. Unterwegs schlossen sich die anderen Schiffe des Verbandes an. Nachdem das Geschwader sich in Wilhelmshaven vollzählig versammelt hatte, wurde die **Mittelmeerreise** angetreten und mit einem Besuch von **Southampton** begonnen. Der Aufenthalt in Southampton bot nichts Erwähnenswertes. Die Stadt ist für einen Welthafen bemerkenswert öde und langweilig.

Es stand kein guter Stern über dieser Reise. Fahrtstörungen durch größere oder kleinere Maschinenhavarien blieben nicht aus. Anker gingen verloren, und zweimal kam der „Friedrich Karl" fest, das erste Mal bereits beim Verlassen von Southampton. Als er versuchte, als Nummer drei in die bereits formierte Kiellinie einzudrehen, lief er infolge seines großen Drehkreises aus dem Fahrwasser heraus und kam fest. Das Schiff kam diesmal ohne Havarie und verhältnismäßig leicht wieder los, nachdem es der „Kaiser" mit zwei Stahlleinen gedreht und dann abgeschleppt hatte.

Gibraltar, Lithographie vor 1890, von La Linea aus

Gibraltar

Die Überfahrt nach **Gibraltar** wurde trotz zeitweise stark auffrischender Winde zu vielerlei Übungen benutzt. Nördlich des Tajo steuerten wir die portugiesische Küste so nahe an, dass wir bei Cintra den berühmten Montserrat deutlich erkennen konnten, auch Kap Trafalgar wurde sehr nahe passiert. Über die historische Bedeutung dieses Platzes wurden wir natürlich instruiert und ebenso, wenn auch in vereinfachter Form, die Mannschaft.

Das bunte Völkergemisch von Engländern, Spaniern, Marokkanern, Juden und Fellahs, das uns in Gibraltar empfing, machte großen Eindruck auf uns. Gibraltar ist aber auch ein sehr eigenartiger, historisch und militärisch interessanter Platz. Wir durften unter englischer Führung die Felsengalerien besichtigen, die früher die Hauptbefestigung der Stadt ausmachten. Die alten schweren Geschütze waren herausgenommen und man hatte durch die engen Pforten einen weiten Blick über die schmale Landzunge, die den steilen Gibraltarfelsen mit Spanien verbindet.

An der Grenze liegt ein kleiner spanischer Ort, La Linea, mit einer auch vom englischen Militär häufig besuchten Stierkampfarena, in der ich einige Jahre später einem solchen Stiergefecht beiwohnen konnte. Nach Westen zu blickte man auf Algeciras, das spanische Städtchen, das als eventuelle Angriffsbasis gegen Gibraltar von den Engländern mit einem gewissen Misstrauen betrachtet wurde, so gern sie auch ihre Weekends dort verlebten.

Gibraltar liegt an einer ziemlich geräumigen Bucht, die gegen starke Winde aus den beiden südlichen Quadranten wenig Schutz bietet. Gegenüber auf der afrikanischen Seite sieht man deutlich die andere „Säule des Herkules", eine prominente Höhe bei Ceuta und westlich davon die viel umstrittene Stadt Tanger.

Als Garnison gehörte Gibraltar früher zu den Übergangsplätzen. Die für den Kolonialdienst bestimmten Truppenformationen lagen hier einige Jahre, ehe sie in klimatisch gefährdeteren Regionen den Rest ihrer Auslandszeit beendeten. Soweit ich erfahren habe, war Gibraltar als Garnison ziemlich beliebt. Der Engländer ist ja geschickt in der Kunst, sich mit den Gegebenheiten nach seiner Art und Lebensweise einzurichten „and to make the best of it".

Wenn man abends zum Zapfenstreich um 1/2 10 Uhr die Spielleute zur Retraite antreten sah, mit Pauken und Trommeln verschiedener Größe, Querpfeifen und sehr gut abgestimmten und geblasenen Hörnern, so wirkte das gewissermaßen symbolisch, wie eine Demonstration, die sagen sollte: Hier herrscht das britische Weltreich, unveränderlich in seinen erprobten Formen.

Die Fortsetzung unserer Reise bot uns Gelegenheit, das Ausland, wenn auch nur flüchtig, kennen zu lernen und ebenso den zeremoniellen Verkehr zwischen den Kriegsschiffen verschiedener Nationen[46].

Bord-Etikette

Das enge Zusammenleben einer verhältnismäßig vielköpfigen Besatzung auf geringem Raum, noch dazu mit vielen Beschränkungen der persönlichen Freiheit, macht es für alle notwendig, eine gewisse Lebensordnung innezuhalten. Hieraus hat sich in Jahrhunderten die „Bord-Etikette" entwickelt, die noch mit vielen Einzelzügen damals auf unseren Kriegsschiffen lebendig geblieben war.

Ernest Shackleton, der spätere Polarforscher, als junger Seekadett

Der Tag war auf die Minute genau eingeteilt. Ein dickes Reglement „Der Dienst an Bord" gab genaue Anweisungen über die Verwendung der Zeit und über die Pflichten jedes Einzelnen, insbesondere auch Vorschriften im Interesse des Wohlbefindens der Besatzung. Der Kommandant war die höchste Respektsperson an Bord, falls nicht einer seiner Vorgesetzten das Schiff als Flaggschiff benutzte. Er lebte für sich, aß allein, ein Posten mit gezogenem Seitengewehr stand vor dem Eingang zur „Kajüte" und meldete jeden an, der mit dem Kommandanten zu tun hatte.

An Deck wurde die Seite des Achterdecks für ihn frei gehalten, auf der er seinen täglichen Spaziergang ausführte. Ging der Kommandant in Uniform aber privat an Land oder kam er zurück, so empfing ihn der I. Offizier,

der Wachhabende, der Bootsmann und vier Fallreepsgäste. Letztere trugen Laternen, wenn der Kommandant erst spät zurückkehrte. Ging der Kommandant dienstlich zu einem vorgeschriebenen Besuch von Bord, so trat auch die Sicherheitswache, etwa 12 Mann, an und präsentierte, ohne dass aber „ein Spiel gerührt" wurde[47]. Betrat der Kommandant an Bord einen Raum, in dem sich Teile der Besatzung befanden, so hatte sich auf das Kommando „Ordnung" jeder zu erheben und still zu stehen, außer, wenn die Leute beim Essen waren.

Im Laufe meiner Dienstzeit machte sich häufiger die Tendenz bemerkbar, die Formen der Etikette zu vereinfachen und abzuschwächen. Ich habe das immer für einen Fehler gehalten, denn es handelt sich hier nicht um Rücksicht auf eine bestimmte Persönlichkeit, als vielmehr um die Erhaltung des Respektes vor der Autorität an sich.

Das Zeremoniell im Verkehr mit fremden Marinen musste noch strenger innegehalten werden. Beim ersten Anlaufen eines Hafens einer fremden Macht wurde die Landesflagge dieser Macht mit 21 Schuss salutiert. Der Salut wurde erwidert. Er unterblieb da, wo diese Erwiderung nicht stattfinden konnte. Lag ein fremdes Kriegsschiff im Hafen, so sandte es dem Ankömmling ein Boot zur Begrüßung entgegen, besetzt mit einem Offizier im Dienstanzug, der sich nach Namen, Reise, Dauer des Aufenthaltes und ähnlichen dienst-

---

[46] Vergl. auch die Aufnahme von ERNEST SHACKLETON, dem späteren, berühmten Polarforscher, der zur selben Zeit Seekadett der Englischen Kriegsmarine war, wie Wilhelm Tägert in der Deutschen.

---

[47] Altertümlicher Begriff für das Trommeln der Soldaten.

lich interessanten Dingen erkundigte. Er bot zugleich Hilfe und Unterstützung an, falls man deren bedurfte. Dieser Besuch des „Komplimentier-Offiziers" wurde in gleicher Form erwidert.

Es folgte dann der Besuchsaustausch der Kommandanten bzw. Flaggoffiziere, der fremden Behörden und der eigenen diplomatischen oder konsularischen Vertretung. Hierbei wurden Salute für die Flaggoffiziere und die höchsten Vertreter von Behörden gefeuert.

Eine Höflichkeit war es ferner, dass der rangälteste Kommandant der anwesenden Kriegsschiffe durch sein Beispiel das Zeichen zur Morgen- und Abendflaggenparade gab, nach denen die Nationalhymne der Länder gespielt wurde, deren Kriegsschiffe anwesend waren. Dieses tägliche Abspielen der fremden Nationalhymnen und Salutieren der wehenden Kommandozeichen, auch wenn es nur einmalig geschah, und die Erwiderung dieser Salute nahmen manchmal eine geraume Zeit in Anspruch. Es war eine etwas umständliche und geräuschvolle Art von Höflichkeitsbeweisen. Aber auch diese Tradition war durch das Alter geheiligt.

Abgesehen von diesen zeremoniellen Besuchen traten die Messen der Offiziere, Fähnriche und Deckoffiziere in der Regel in privaten und manchmal recht freundschaftlichen Verkehr miteinander. So verkehrten wir im Hafen von **Malta** fast allabendlich wechselseitig mit den englischen „Middies", den Seekadetten der „Témèrair", die dicht neben uns lag[48].

HMS „Temeraire" in La-Valetta auf Malta

Dieser Verkehr mit ausländischen Kameraden war für unsere Weiterbildung sehr nötig und nützlich. Bekanntlich erregt nichts so viel Anstoß, als die Verletzung der Höflichkeit im Auslande. Diese Gefahr war nicht groß, aber man verlangte später von uns eine gewisse Gewandtheit im gesellschaftlichen Verkehr und auch die Fähigkeit, kleinere Gelegenheitsreden zu improvisieren. Ergänzt wurde der bisher besprochene, mehr oder minder dienstliche Verkehr mit privaten Besichtigungen von Sehenswürdigkeiten, Ausflügen und, wo es irgend möglich war, Familienverkehr.

Inzwischen ging unser Dienst an Bord weiter. Wir lernten allmählich uns als Vorgesetzte zu fühlen und als solche aufzutreten. Dass Letzteres in der Regel mit taktvoller Zurückhaltung geschah, dafür sorgte schon unser Mangel an Praxis im täglichen Bordleben, die

---

[48] Vier Schiffe der britischen königlichen Marine trugen den Namen HMS „Temeraire", was so viel wie „wagemutig" bedeutet: Das erste war ein ursprünglich französisches Linienschiff, das die Briten 1759 übernahmen. - Das zweite, 1798 auf Kiel gelegt und bei der Seeschlacht vor Trafalgar beteiligt, wurde berühmt, weil William Turner es zweimal, zuletzt 1838 malte, als ein untergehendes Symbol der britischen Seeherrschaft. Dieses Bild zeigt in seinen charakteristischen Himmels-

farben auch die Folgen durch den Staub des 1815 ausgebrochenen Vulkans Tambora, der in Europa das „Jahr ohne Sommer" hervorrief. - Wilhelm Tägert hat die dritte Temeraire gesehen, die mehrere Jahre Teil der britischen Mittelmeerflotte war; sie hatte 1882 auch an der Bombardierung von Alexandria teilgenommen. Sie war 1876 aus Stahl gebaut worden und mit Schrauben angetrieben; sie wurde erst 1921 verkauft. - Ihr folgte unter dem gleichen Namen noch 1907 der Bau eines vierten Kriegsschiffes. Ein fünftes riesiges Schlachtschiff wurde 1939 geplant, aber nicht ausgeführt.

nicht geringe Zahl von Anschnauzern, die wir sozusagen vor versammelter Mannschaft einzustecken hatten und der Mangel an Kenntnissen auch auf den Gebieten, in denen wir als Instrukteure aufzutreten hatten.

Zunächst leisteten wir uns auf dem „Kaiser" einen ziemlich törichten Dummen-Jungenstreich. Wir sollten in unseren Observationsheften gewisse Rechnungen nach eigenen Beobachtungen während unserer Wachen durchführen. Ein Teil von uns hatte dies aber verbummelt. In etwas schülerhafter Form wurden wir unter Androhung von Urlaubsentziehung zum sofortigen Nachholen der unterbliebenen Arbeiten angewiesen. Wir hatten gestreikt und damit Urlaubsentziehung herbeigeführt. Dieser Kleinkrieg endigte erst später, als ein Besuch in Kairo in den Bereich der Möglichkeit rückte.

Die Rekrutierung der Mannschaften und der Dienst an Bord

Ich möchte hier noch ein paar Worte über unsere Mannschaften beifügen. Die preußische und norddeutsche Marine hatte zunächst ihren Mannschaftsersatz aus der seemännischen und halbseemännischen Bevölkerung gedeckt, zur Letzteren gehörten die Flussschiffer, die nur saisonmäßig fuhren. Man hatte dann zunächst die Heizer aus nicht seebefahrenen Kreisen ergänzen müssen und diese Ergänzung auch bald auf die seemännischen Besatzungsteile ausgedehnt. Mit der immer fortschreitenden Technisierung der Gefechtseinrichtungen wurden mehr und mehr gelernte Eisenarbeiter gebraucht, so dass schließlich der bei weitem größere Teil des gesamten Personals aus der Landbevölkerung genommen wurde.

Die Dienstzeit dauerte prak-tisch 2½ Jahre, für die Anwärter der Unteroffizierslaufbahn 9 und 12 Jahre und für sonstige freiwillig Eintretende vier Jahre. Den seemännischen Kern der Besatzung bildeten damals, d.h. zu Anfang der neunziger Jahre, die zivilen Seeleute und Berufsfischer. Abweichend von der Armee erhielten die Leute Kleidergelder, für die sie sich ihre Uniformen selbst kauften, die ihr Eigentum blieben. Die Bewohner der Fischerdörfer zeichneten sich dabei durch besonders sorgfältigen Umgang mit ihren Sachen aus. Man wusste bei ihnen im Heimatdorf genau, wie viele Monturen und wie viele Ersparnisse an Kleidergeld sie bei der Entlassung mitbringen mussten, wenn sie ordentlich gewirtschaftet hatten. Die heimische Kontrolle soll dabei ziemlich streng gewesen sein.

Wie in der Bekleidungswirtschaft wurde die Mannschaft auch in ihrer Ernährung auf eigene Kosten verpflegt. Für den ordnungsmäßigen Verbrauch der Verpflegungsgelder und die sachgemäße Herstellung der Speisen sorgte eine Verpflegungskommission, die auch täglich das Essen zu probieren hatte. Die Essensprobe erhielten auch der Kommandant, der erste und der wachhabende Offizier, sie schmeckte gewöhnlich ausgezeichnet, und die Leute gingen auch im Allgemeinen auf, wie die frischen Semmeln.

Bestrafungszeremonie unter Seeleuten: „Jungfernkranz", aus: R. Werner

Die Stimmung und Haltung unter den Besatzungen war damals in der Regel recht gut. Abends wurden viel Volks- und andere Lieder auf dem Vordeck gesungen, auch verschiedene Bordspiele gespielt. Wenn aber von vorne aus dem Raum unter der Back die Melodie *„Wir winden dir den Jungfernkranz"* erscholl, so war es Zeit für den wachhabenden Offizier, sich persönlich dorthin zu begeben, um nach dem Rechten zu sehen; denn es war in jedem Fall ein Hinweis darauf, dass ein Strafgericht wegen eines Eigentumsvergehens von der Mannschaft selbst abgehalten worden war.

Unser Geschwaderchef [49] erfreute sich keiner großen Beliebtheit. Er schien ein Vergnügen daran zu finden, aus kleinen Unordnungen, die er mit seinem langen Kieker in der Takelage feststellte, Monita[50] herzuleiten, die ganz offiziell mit Flaggensignalen ausgeteilt wurden. So empfing er auch jedes seiner in den Hafen von Malta einlaufenden Schiffe schon mit einem oder mehreren Tadeln, sobald es in dem engen Hafenbassin sichtbar wurde, in dem der „Kaiser" schon festgemacht hatte.

Hierbei passierte dem Signalpersonal des Flaggschiffs ein kleines Missgeschick, das sicher mit einigen Tagen Arrest abgelaufen

Wenig beliebt: Admiral Schröder (links), daneben Tirpitz

---

[49] Konteradmiral WILHELM SCHRÖDER
[50] Rügen, Mahnungen

wäre, wenn es der rastlos ausspähende Admiral bemerkt hätte. Seine im Kreuztopp wehende Admiralsflagge sollte gegen eine größere und sauberere ausgetauscht werden. Als die neue Flagge hoch ging, hatte der Signalgast die Flaggleine am unteren Ende der Flagge noch nicht befestigt und die Flagge ging mit langer Leine hoch in die Lüfte. Mein Crewkamerad Ackermann erbleichte und stammelte: „Nun ist alles hin". Ich ließ die Flagge schnell vorheißen, und ein gewandter Signalgast fing oben, dicht unter dem Flaggenknopf, das flatternde untere Ende der Flagge ein und befestigte es irgendwie.

Auch in den inneren Dienst der Mannschaften griff der Admiral mehr ein, als es sonst üblich war. Er war den materiellen Genüssen der Tafel nicht abhold und liebte besonders den Gurkensalat, von dem wir auch den Spitznamen für ihn herleiteten. Von der hinteren Kommandobrücke aus konnten wir durch das Oberlicht zur Admiralskajüte den Mahlzeiten des hohen Herrn unbemerkt zuschauen.

Alexandria

Ich halte es nicht für richtig, wenn ich meine Erfahrungen und Erinnerungen lediglich rückschauend schildere, wie ich sie jetzt nach fast einem halben Jahrhundert ansehe und beurteile. Die Persönlichkeit des Erlebenden, die Aufnahme, die das Erlebte bei ihm innerlich fand und die Freude an der Mitteilung an die Familie daheim sind ja selbst schon ein Stück Erinnerung. Leider ist ein großer Teil meiner Korrespondenz, die ich jahrelang tagebuchartig geführt hatte, in der ersten Revolution 1919 verloren gegangen. Es sind aber doch noch Briefe aus der damaligen Zeit an meine Eltern vorhanden, und ich werde aus diesen Briefen passende Stellen im Wortlaut wiedergeben.

Das Geschwader war nach dem Verlassen von **Malta**, wo wir die historischen Plätze, das alte Hochmeisterschloss und die darin aufbe-

wahrten märchenhaft schönen Gobe-
lins besichtigt hatten, vor **Alexandrien** vor Anker gegangen.

Der Hafen von Alexandrien wird
durch einen großen Wellenbrecher
gegen die offene See geschützt. Das
so abgetrennte Bassin ist wohl schon
zu Alexanders Zeiten als Hauptver-
kehrshafen für Ägypten benutzt
worden. Für unsere tiefgehenden
Schiffe hatte es leider zu wenig Wasser. Wir konnten das Bild dieser rüh-
rigen Weltstadt daher diesmal nur
aus der Ferne betrachten.

Der altberühmte Pharus stand
nicht mehr[51]. Die Baulichkeiten des
Khedivenpalastes wirkten recht
nüchtern, sie trugen außerdem noch
die Spuren des Bombardements,
durch das die englische Flotte den

Bombardierung von Alexandria durch die Engländer 1882

politischen Widerstand Ägyptens vor
einigen Jahren gebrochen hatte[52]. Vom Leben
in der Stadt sah man so gut wie nichts.

Es lief eine derartig hohe See, dass der
Verkehr mit dem Lande fest ganz abgestoppt
war. Wir setzten die große Admiralsdampf-
barkasse aus, es war bei dem Schlingern des
Schiffes kein leichtes Manöver. Das mehrere
Tonnen schwere Boot geriet ins Pendeln, ob-
gleich je 50 bis 60 Mann an Leinen vom Bug
und Heck des Bootes das Boot ruhig zu halten

versuchten. Es drückte das Schanzkleid der
vorderen Kommandobrücke völlig ein, kam
aber schließlich doch zu Wasser, freilich ohne
weiteren Nutzen, denn es musste auch schon
nach wenigen Stunden wieder eingesetzt werden. Fast drei Tage haben wir so gelegen und
geschlingert, bis sich der Admiral entschloss,
nach **Port Said** zu gehen.

Wir waren übrigens zu dieser Zeit durch
materielle Genüsse geradezu verwöhnt. Abgesehen von den feurigen Südweinen hatten uns
Gibraltar und Malta mit herrlichem Obst
reichlich versorgt, wunderschöne Weintrau-
ben, ein Pfund für 8 Pfennig, Melonen, Bana-
nen, Äpfel, Birnen, Feigen, Datteln, Orangen,
Mandarinen und Granatäpfel bildeten fast
täglich den Nachtisch zu unseren Mahlzeiten.

Über den Hafen von Port Said ist nicht viel
zu berichten. In den Bassins lagen bei unserer
Ankunft etwa 30 Dampfer, die sämtlich Kohlen ergänzten. Auch russische, englische und
portugiesische Kriegsschiffe waren vertreten.
Die bunt zusammengewürfelte Bevölkerung
machte schon damals einen recht verkomme-

---

[51] Der Leuchtturm von Pharos galt wegen seiner
Höhe von wahrscheinlich über 150 m als eines der
sieben Weltwunder der Antike; er wurde in
20-jähriger Bauzeit unter Ptolemais I. auf der
kleinen Insel Pharos gut 1,3 km vor dem Hafen
von Alexandria errichtet. Von Anfang an machten
ihm immer wieder Erdbeben zu schaffen, denen
er schließlich im 14. Jh. ganz zum Opfer fiel. Seine Steinreste wurden in der Festungsanlage von
Alexandria verbaut.

[52] Am 11. Juli 1882 beschoss die englische Marine
Alexandria. Es war ein weiterer Schritt zur englischen Vorherrschaft über Ägypten, die bis 1946
währte und letztlich erst mit der Suezkrise und
der Hinwendung Ägyptens an Russland ganz
überwunden wurde.

nen Eindruck, besonders im arabischen Viertel, wo uns von allen Seiten pornographische Bilder angeboten wurden und unsäglich widerliche mimische Darbietungen auf offener Straße uns recht abstießen.

Am Tage und bis in die späte Nacht wurde in den verschiedenen Spielhöllen Roulette gespielt. An die Ehrlichkeit der Croupiers glaubte niemand. Ein kleiner bezeichnender Zug: Im letzten Augenblick, unmittelbar ehe der Croupier „rien neva plus - le jeux sont faits" sagen wollte, setzte einer meiner Kameraden ein Pfund auf die Null. Sie schlug, und er steckte einen hübschen Gewinn ein. Aber an der Wut des Croupiers sah man deutlich, dass ihm irgendwie das Konzept verdorben war.

Nach Kairo

Von Port Said aus konnte nun auch die Partie nach **Kairo** unternommen werden, die den Glanzpunkt unserer Winterreise bilden sollte. Wir kehrten also Port Said ohne Bedauern den Rücken und schifften uns, etwa 70 Seekadetten und einige Offiziere, eines Morgens auf dem kleinen Dampfer ein, der uns auf dem Kanal zunächst nach **Ismailia** bringen sollte. Ich schrieb damals darüber wie folgt:

„Auf dem Dampfer gab es mit einigem guten Willen 20 Sitzplätze. Der größere Teil von uns musste also die Fahrt stehend verbringen. Sehr bald wurden die Frühstückskörbe geplündert, welche die einzelnen Messen geliefert hatten. Es nahmen auch Seekadetten des älteren Jahrgangs an der Fahrt teil, darunter auch mein Bruder[53]. Glücklich, wer sich mit einer Büchse Hummer in eine stille Ecke zurückziehen konnte. Hierauf versank alles in

Dampfer im Suezkanal, kolorierte Postkarte um 1890

Stumpfsinn oder spielte Skat.

Die Gegend war aber auch zu triste. Rechts und links Sandhügel, gerade so hoch, dass man nicht darüber hinwegsehen konnte, nur hier und da eine Lücke, welche einen Blick in die Wüste gestattet. Am fernen Horizont ziehen sich einige blaue Höhenzüge hin. Etwa der Sinai? So ging es einige Stunden in immer weiter ansteigender Hitze, bis wir zum Bahnhof von Ismailia gelangten. Wir verlassen den Dampfer und warten auf den Zug von **Suez**, der nach etwa einer halben Stunde eintrifft, nach einer weiteren halben Stunde ist die nötige Anzahl Erste-Klasse-Coupés zur Stelle, so dass wir einsteigen können. Die Coupés sind wenigstens erträglich, Lederkissen und Seitenlehnen, aber alles furchtbar bestaubt. Nach etwa zwanzigmaligem Pfeifen und längerem Rangieren geht es endlich wie mit einer tüchtigen Willensanstrengung hinaus in die Wüste.

Die Gegend ist einförmig, zeigt aber genug Einzelheiten der Überschwemmungswirtschaft, die das Interesse fesseln. Einige Hütten sind aus Lehm gebaut, sie haben unregelmäßige Löcher als Fenster und einigen Zweige als Dächer. Einige schmutzige Kinder, Ziegen, einige wenige Gartenpflanzen und etwa sechs bis sieben Palmen, das ist ein Dorf. Aber an dem Süßwasserkanal nach Ismailia ist das

---

[53] s.o. Carl Tägert, geb. 1869, der zwei Jahre ältere Bruder von Wilhelm Tägert, der ebenfalls die Laufbahn eines Marineoffiziers angetreten hatte.

Land fruchtbarer, wie die ununterbrochene Palmenreihe an seinem fernen Ufer zeigt.

Plötzlich ändert sich das Bild. Wie mit einem Schlage ist die Wüste nach zwei oder drei Stunden zu Ende. Wir fahren in das Land Gosen ein, den fruchtbarsten Teil des Nildeltas. Auf einzelnen Feldern steht noch etwas Wasser, auf anderen steht schon Korn, Baumwolle, Mais etc. Einiges ist bereits reif, anderes beginnt eben erst zu wachsen, überall sieht man Überreste von alten Kanalanlagen, Wasserräder und ähnliche Einrichtungen, aber alles verfallen und verwahrlost.

Auf allen Stationen werden Orangen und Mandarinen gekauft, um die ausgedörrten Gaumen zu erfrischen. Unser Kamerad H. aus Halberstadt machte dabei seine erste Orienterfahrung. Er gab einem Fellahjungen aus Mangel an Kleingeld ein englisches Pfund für drei bis vier Apfelsinen. Der pfiffige Fellah schoss davon wie ein Sperber, der heilige Vogel. Mit unendlich unintelligentem Gesicht sah ihm H. nach und sagte auf unsere Frage, warum denn der Junge so schnell liefe: Er läuft, um zu wechseln. Aber der Zug ging ab, ehe das Wechselgeld kam.

Mit der Zeit wurde der Staub sehr lästig, er legte sich auf Kleider, Kissen, Augen und Haare und besonders auf die Lungen, so dass man an einzelnen besonderen Stellen kaum atmen konnte. Allmählich versanken wir in Eisenbahnbetäubung.

Endlich, nach Stunden, zwitschert die Lokomotive fröhlich, und wir halten in der Bahnhofshalle von **Kairo**, das heißt vor einem schmutzigen und elenden Gebäude, wo die halbe deutsche Kolonie zu unserer Begrüßung versammelt ist.

Schnell werden wir auf verschiedene Hotels verteilt, besteigen bereitstehende Droschken und Hotelwagen und fahren in unsere Quartiere. Ich war im Hotel du Nil untergebracht. Es liegt abseits an einer engen Nebenstraße der Muski, so dass es für Wagen nicht zu erreichen ist. Wir treten durch einen Tor-

weg in einen Palmengarten von geradezu märchenhafter Schönheit. Hohe tropische und subtropische Gewächse und Bäume, Blumenrabatten und ägyptische Altertümer füllen den Platz zwischen dem eigentlichen Hotel und den Nebengebäuden. Die Luft ist prachtvoll, etwa 19 Grad Celsius. Unsere Zimmer sind groß und luftig, die Betten gut und mit Moskitoschutz versehen. Wir säubern uns gründlich und machen uns zum Dinner bereit. Im Lesepavillon bei den neusten deutschen Zeitungen und Journalen erwarten wir das Gong. Das jetzt unerlässliche Aperitif gab es damals noch nicht. Die anderen Hotelgäste sind fast alle Deutsche, halten sich aber von uns völlig reserviert. Das Essen ist tadellos: Fünf Gänge, Dessert, türkischer Kaffee.

Gleich nach Tisch bricht alles auf. Wir machen zunächst einen Spaziergang über die Esbekieh, den bedeutendsten Platz der Stadt, ein wundervoller Park mit allen möglichen Bäumen, in erster Linie Datteln und Sagopalmen, Zypressen und Pinien, Aloen und vielen mir noch Unbekannten, über allem der Vollmond fast im Zenit. Wir gehen an einigen arabischen Kaffees vorbei, in denen ein zahlreiches arabisches Publikum sitzt und Bauchtänzen zusieht, raucht und Kaffee trinkt, zu „Bihr". Dies war ein Bierlokal, von der deutschen Kolonie unterhalten, mit deutschem Wirt und vollständig nach deutschem Geschmack eingerichtet. An den Wänden hingen deutsche Trinksprüche, einzelne deutsche Öldruckbilder und die Fotografien aller deutschen Afrikareisenden. Berühmt war damals das Fremdenbuch dieses sehr bekannten Lokals mit vielen bekannten und berühmten Namen. Draußen tobten die Eseljungen, bis wir Esel bestiegen und durch die Hauptstraßen trabten."

Wenn es in meinem Briefe dann heißt: „Spät abends kehrten wir erst in unser Hotel zurück, um einmal wieder eine Nacht im Bett zu schlafen", so wird die Stimmung, in der wir alles Schöne jetzt genossen, erst recht verständlich. Nach den Monaten des Borddienstes, den Wochen des Urlaubsentzugs und den Strapazen der eintönigen Kanal- und Wüstenfahrt bis Kairo wirkte der Eintritt in den Paradiesgarten des Hotel du Nil, das vorzügliche Diner und der unbeschwerte Eselsritt des Abends wie ein Wunder aus Tausendundeiner Nacht auf unsere empfänglichen jugendlichen Gemüter. Und so blieb es auch in den folgenden Tagen.

Schon morgens früh begannen wir die Stadt zu durchstreifen, zu zwölf auf den kleinen Eseln galoppierend. Auch wenn die Straßen so eng waren, dass man mit beiden Knien anstieß, entdeckten wir immer neue wunderbare Dinge, in denen Altertum und allerneueste Gegenwart sich zu einer nicht abreißenden fortlaufenden Geschichte zu vermählen schienen. Waren nicht die alten Ägypter unter den Pharaonen ebenso lebhaft und frech wie die heutigen Fellahs? Waren die Augen der alten Ägypterinnen weniger schwarz und feurig, wie wir sie aus den Schleiern der gegenwärtigen

Kairo, Straße mit Harem, 1890

hervorleuchten sahen? Überall wurde verglichen und immer wieder wurde die Fantasie angeregt.

Wir besichtigten die sogenannten Kalifengräber und die zum Teil wunderschönen Moscheen. Die riesige Moschee Tulun mit ihrer merkwürdigen Architektur, die wie ein unregelmäßiger Kreuzgang einen großen offenen Hof umschließt, steht wie ein Denkmal arabischer Größe und türkischen Verfalls.

In der ebenfalls bereits verfallenden Moschee Abdul Hassan erstaunten wir über die ca. 100 Meter hohe Kuppel. Auf den Stuhl, von welchem Abdul Hassan zu seinen Lebzeiten Recht gesprochen hat, setzte sich in jugendlichem Übermut mein Bruder Karl, indem er einige furchtbare Kalauer zum Besten gab. Die anwesenden Araber griffen nicht zu ihren Messern, aber sie verlangten wegen dieses Frevels jeder einen Bakschisch. In dieser Moschee zeigte man noch dunkle Flecken auf dem Fußboden, die von dem Blut der 300 Mamalukenhäuptlinge herrühren sollten, die Mehmed Ali hier niedermachen ließ. Damals ist nur einer entkommen, indem er angeblich mit seinem Pferde über die Brüstung hinwegsetzte und die zwanzig Meter hohe Mauer heraabsprang, wie jener Raubritter Eppelein von der Burg in Nürnberg.

Vor der dicht bei dieser Moschee gelegenen Zitadelle standen englische Schildwachen, die wir als empfindliche Störung unserer romantischen Stimmung ansahen. Schon damals war Unterägypten seit dem missglückten Putsch von ARABI PASCHA und dem englischen Bombardement auf den Khediven-Palast in Alexandrien von den Engländern besetzt geblieben.

Die sogenannte Alabastermoschee, von MEHMED ALI erbaut, wirkte noch wie neu. Der Raum unter der hohen Kuppel, mit wunderschönen Holzschnitzereien versehen, war an den Wänden und auf dem Fußboden mit dicken kostbaren Teppichen bedeckt. Ich habe damals einen tiefen Eindruck von den arabischen Teppichen mit ihren dunklen, edlen Farben gewonnen, der noch heute anhält.

In Kairo soll es für gewöhnlich nur an vier Tagen im Jahr regnen, den einen davon erwischten wir. Aber der Regen löschte den Staub etwas; dass er ihn in zugleich tiefen Morast verwandelte, focht uns auf unseren Eseln nicht an.

Auch zur Universität ritten wir, die zurzeit von zehntausend Studenten besucht sein sollte. Der Eindruck war ein eigentümlicher, und man begriff hier, was es eigentlich bedeutet, wenn sprichwörtlich gesagt wird: „Lärm wie in einer Judenschule". In einer großen Halle, die ursprünglich zu einer Moschee gehört hatte, saßen etwa vierhundert fünfzehn- bis dreißigjährige Studenten. Ein Teil lernte laut Koranverse auswendig, andere besprachen in Gruppen zu zwei oder drei das Gelesene, wieder andere saßen um einen Lehrer, der ihnen die Verse auslegte. Alles geschah laut und ohne Rücksicht auf die anderen Anwesenden. Wie magnetisch angezogen folgten dabei die Blicke aller uns und unseren Bewegungen. Ich habe mich später oft gefragt, ob diese berühmte Universität wohl wirklich die Nährmutter des Mohammedanismus ist, der ja in der heutigen Zeit wieder eine so groß« Anziehungskraft entwickeln soll. Man trat hier wie in eine andere geistige Welt ein.

Am letzten Tage unseres Aufenthaltes folgte der Glanzpunkt: der Besuch der Pyramiden. Die deutsche Kolonie hatte uns eingeladen. In Droschken und anderen Gefährten fuhren wir schon um 1/2 10 Uhr morgens nach dem Überschreiten des Nil auf Fähren in flottem Tempo und in ausgelassener Stim-

Kairo, Mohammed-Ali-Moschee und Altstadt, 1890

mung zu den Pyramiden hinauf.

Es war ein eigenartiger Anblick, wie die Feilahs gerade im noch nassen Schlamm mit primitivsten Mitteln ihre Saat einbrachten, während kaum einen Meter weiter die ewig unfruchtbare rötlich-sandige Wüste begann. Langsam wuchsen die von Weitem winzig erscheinenden Pyramiden vor unseren Augen,

Besuch bei der Sphinx, 1890

aber als man an ihrem Fuße stand, war der Eindruck doch gewaltig. Da musste man nun hinauf.

Die bröckeligen Steinstufen waren jeweils fast einen Meter hoch. Wir erstiegen sie an der Kante der Pyramide. Früher, bis zu den Zeiten Napoleons I., waren sie mit spiegelglatten, fugenlosen Steinblöcken von oben bis unten belegt, wie noch heute die Spitze der Cheffren-Pyramide.

Eine Horde schreiender Fellahs drängte sich als Führer auf und ließ sich mehr schleppen, als dass sie half. Oben war die Aussicht prachtvoll. Weit konnte man nach Oberägypten hinaufsehen, in der Ferne zitterten im heißen Sonnenlicht fünf weitere Pyramiden. Der Abstieg sah zuerst selbst für Schwindelfreie etwas bedenklich aus. Aber man gewöhnte sich bald daran, von Stufe zu Stufe zu springen. Auch der Weg in das Innere musste, so beschwerlich er war, noch geleistet werden. 45 Grad hinunter und ein fast ebenso steiler Stollen wieder hinauf, beide nur wenig über einen Meter hoch, brachten uns schwitzend in eine Kammer, in der der offene Steinsarkophag stand, den Eyth[54]. nicht für einen Sarko-

phag, sondern für ein Normalmaß für Getreide hält.

Wir erfuhren erst nachher, dass wir in der eigentlichen Grabkammer gar nicht gewesen waren.

Draußen begrüßten uns drei arabische Zelte, inwendig ganz mit arabischen Webereien ausgeschlagen. Da waren die herrlichsten Dinge aufgetafelt, vor allem auch eisgekühltes deutsches Bier. Wir stärkten uns und waren dann für den Besuch bei der Sphinx wieder genussfähig.

[54] Der Schriftsteller und Kulturliebhaber Max Eyth, der besonders durch sein 1898 erschiene-

nes autobiographisches Buch „Hinter Pflug und Schraubstock" bekannt ist, schrieb vier Jahre später den gern gelesenen Roman „Kampf um die Cheopspyramide", der auf satirische Weise das Streben der Engländer nach der Vorherrschaft in Ägypten aufs Korn nimmt. Darin lässt Eyth zwei englische Brüder über den Nutzen der Cheopspyramide streiten. Der eine will die Pyramide mit einer schützenden Mauer umgeben, weil er in ihr ein Heiligtum vergangener Zeiten erblickt, das der Menschheit auch in der Gegenwart etwas geben könne. Der andere, der sich als Realist und praktisch orientierter Weltmann gibt, betrachtet die Pyramide nur als einen sinnloser Steinhaufen, den man besser zum Bau eines Staudamms zur Bewässerung des Nildeltas verwenden sollte. Der ägyptische Vizekönig hört aber zum Glück auf keinen von beiden. So stehen also die Pyramiden heute noch, aber mit sowjetischer Hilfe ist auch das zweifelhafte Staudammprojekt von Assuan inzwischen realisiert.

Ich habe damals in meinem Brief mit großer Ehrfurcht von diesem uralten, aus dem gewachsenen Felsen herausgehauenen Steinbild geschrieben, bei dem mir die schöne Ohrenpartie einen bleibenden Eindruck hinterlassen hat. Dieses Kulturdenkmal personifiziert wirklich eins der größten Rätsel der Menschheit. Unterhalb der Sphinx liegen die Trümmer des alten Sphinxtempels, riesenhafte Monolithe. Die Wände des Tempels stehen noch zum Teil, sie können nicht einstürzen, weil die Ecken aus den kolossalen Steinstücken ausgehauen sind, so dass an diesen Stellen überhaupt keine Fugen bestehen. Wo solche sind, war es unmöglich auch nur die Schneide eines Federmessers hineinzuschieben.

Nach dem Frühstück in den drei Zelten wurde das „Pyramidenprogramm" durchgeführt: Kamelreiten, Fotografieren, Fellahturbans aufsetzen, falsche Skarabäen kaufen usw. Erst kurz vor Anbruch der Dämmerung traten wir den Rückweg an und genossen die Farben eines märchenhaften Sonnenuntergangs.

Traurig nahmen wir am nächsten Morgen Abschied von Kairo, dieser uralten, aber immer noch von jugendfrischem Leben sprudelnden Kulturstätte.

Bei der Rückfahrt hatten wir nach dem Ausstieg aus dem Zug in Ismailia zwei Stunden Aufenthalt. Das Städtchen ist eine Oase, gespeist durch einen vom Nil ausgehenden Süßwasserkanal. Eine Villa des Kanalerbauers Lesseps ist nach allen Anforderungen raffinierten Lebensgenusses erbaut, war aber damals schon dem traurigen Verfall preisgegeben.

Die Dampferrückfahrt war wiederum recht beschwerlich. Wir mussten zu verschiedenen Malen ankern und an der Böschung festmachen, um entgegenkommende große Dampfer passieren zu lassen. Ich lag mit zwei anderen Kameraden auf einer engen Pritsche hochgekantet, abwechselnd auf der rechten und linken Seite, und musste beim jedesmaligen Wechsel aufstehen. Der Traum aus Tausendundeiner Nacht war zu Ende. Um 3.30 nachts waren wir endlich wieder an Bord, wo man uns einige Erfrischungen bereit gestellt hatte. Wir krochen dann noch für zwei Stunden in unsere schwankenden Hängematten.

Lesbos – peinliche Lage für SMS „Friedrich Karl"

Die Überfahrt von Port Said nach **Lesbos** wurde im Verbande ausgeführt und zu allen möglichen Exerzitien ausgenutzt. Die Luft hatte die durchsichtige Klarheit, die man in unseren Breiten selten findet. Deutlich konnten wir die schneebedeckten Gipfel des Taurus, besonders den charakteristischen Gipfel des Aldagh, auf eine Entfernung von 110 Seemeilen, das sind also fast 200 Kilometer, erkennen. Im Übrigen bot die Überfahrt nichts besonders Erwähnenswertes.

Die Insel Lesbos, jetzt Mytilene genannt, hat zwei große Buchten, Port Iero und Port Kaloni. Beide haben sehr enge, nicht bezeichnete Einfahrten, bieten aber geräumigen Schutz auch für größere Flotten und eigneten sich daher sehr gut als Exerzierhäfen. Die Hinfahrten wurden von uns mit Minenfahrwasserzeichen markiert. Das sind kleine

SMS „Friedrich Karl" mit Geschwader bei m Übungsschießen

Korkbojen, die mit schweren Grundeisen verankert werden und an einem längeren Stock einen Besen oder eine Flagge zeigen.

Es wurde tüchtig exerziert, mit Torpedos geschossen und auch im offenen Wasser Artillerieschießübungen abgehalten. Wir lagen mit „Kaiser" in Port Iero. „Deutschland" war detachiert[55], der „Pfeil" mit dem Admiral nach Konstantinopel unterwegs, „Friedrich Karl" und „Preußen" lagen in Port Kaloni. Weihnachten sollte gemeinsam in Smyrna gefeiert werden, dazu kam es aber nicht.

Beim Auslaufen zu einer Schießübung setzte sich „Friedrich Karl" an einer besonders engen Stelle, wo das Fahrwasser noch dazu einen ziemlich scharfen Knick machte, auf eine steile Felsmulde, so dass seine Wasserlinie fast einen Meter austauchte. Alle Versuche mit eigenen Mitteln frei zu kommen waren fruchtlos. So wurde ein jüngerer Offizier zu Pferde über die Hügel nach Port Iero geschickt, um uns zu benachrichtigen. Funkspruch gab es damals noch nicht. Der „Kaiser" machte sofort Dampf auf und ging mit erhöhter Fahrt zur Unfallstelle ab.

Die Lage des Schiffs war sehr peinlich und kritisch. Es musste von „Kaiser" abgeschleppt werden, aber es bestand für „Kaiser" die Gefahr, beim Loskommen von „Friedrich Karl" oder beim Brechen der Schlepptrossen selber festzukommen, denn es lief ein nicht unbeachtlicher Strom schräg über die Fahrrinne. Der Kommandant, Frh. VON BODENHAUSEN, manövrierte in dieser Lage mit „Kaiser" entschlossen, zielbewusst und überaus geschickt. Zunächst wurde der Versuch gemacht, den „Kaiser" längsseits von „Friedrich Karl" mit allen schweren Trossen festmachen zu lassen und letzteren unter Benutzung des Ruders abzudrehen. Der Versuch missglückte. Dann ankerte der „Kaiser" vor „Friedrich Karl" und brachte zwei schwere Stahltrossen zu letzterem herüber. Vor „Kaiser" sollte noch der „Pfeil" ankern, der mit dem Admiral inzwischen eingetroffen war.

Während „Pfeil" noch mit dem Ausbringen der Trossen beschäftigt war, die ihn mit „Kaiser" verbinden sollten, so dass beide Schiffe gleichzeitig mit den Maschinen angehen und ihre Anker einhieven konnten, fing „Kaiser" in bedrohlicher Weise an, gegen die Grenze des Fahrwassers zu schwojen[56].

Lesbos: Der Pfeil bezeichnet die Unglückstelle der „Friedrich Karl" im Port Kaloni links, Liegeplatz der „Preußen" in der Bucht von Iero rechts; zeitgenössische Karte von Richard Koldewey 1890

---

[55] für besondere Zwecke „losgemacht".

[56] „Schwojen" (auch: „schwoien") bezeichnet das Hin- und Herwinden eines Schiffes, das an einem Seil oder vor Anker liegt, aufgrund von Wind und Strömung.

Es war klar, dass selbst beim Gelingen des Abschleppens der Strom den „Kaiser" voraussichtlich aus der Fahrrinne hinausgesetzt hätte. Nun musste sehr schnell gehandelt werden. Die Trossen zu „Friedrich Karl" wurden losgeworfen und liefen aus. Das Ankerlichten wurde sofort begonnen. Auch „Pfeil" begann sofort mit dem Ankerlichten. Als der „Kaiser" mit dem Anker los kam, war es höchste Zeit, mit der Maschine anzugehen. Es musste nun direkt auf den quer im Fahrwasser liegenden und dieses nahezu versperrenden „Pfeil" zugehalten werden. Es waren Minuten höchster Spannung, aber zum Glück folgte das Schiff schon bald dem Ruder und konnte das Heck des „Pfeil" passieren, ohne ihn zu rammen.

Es wurden nun die verschiedensten Maßnahmen getroffen, um den „Friedrich Karl" zu erleichtern. Drei türkische Dampfer hatten sich zur Unterstützung eingefunden. Geschütze wurden von Bord gegeben und ebenso Kohlen und Munition, sowie alle beweglichen größeren Gewichte. Außer den genannten drei Dampfern hatte sich ein griechischer Fischer mit seinem Boot zur Hilfe angeboten, ein braver Mann, der auch kein Bakschisch verlangte. Er hat sich später beim Fischen von Stahlleinen und Ankern noch sehr nützlich gemacht. Dabei wurde Übrigens auch ein antiker Bronzeanker mit vier Flügeln und von ganz erheblichem Gewicht geborgen. Es dauerte jedoch Tage bis „Friedrich Karl" loskam.

Weihnachten stand unmittelbar vor der Tür, so wurde ich am 23. Dezember mit „Pfeil" und Mitgliedern der anderen Messen nach **Smyrna** geschickt, um dort geeignete Sachen

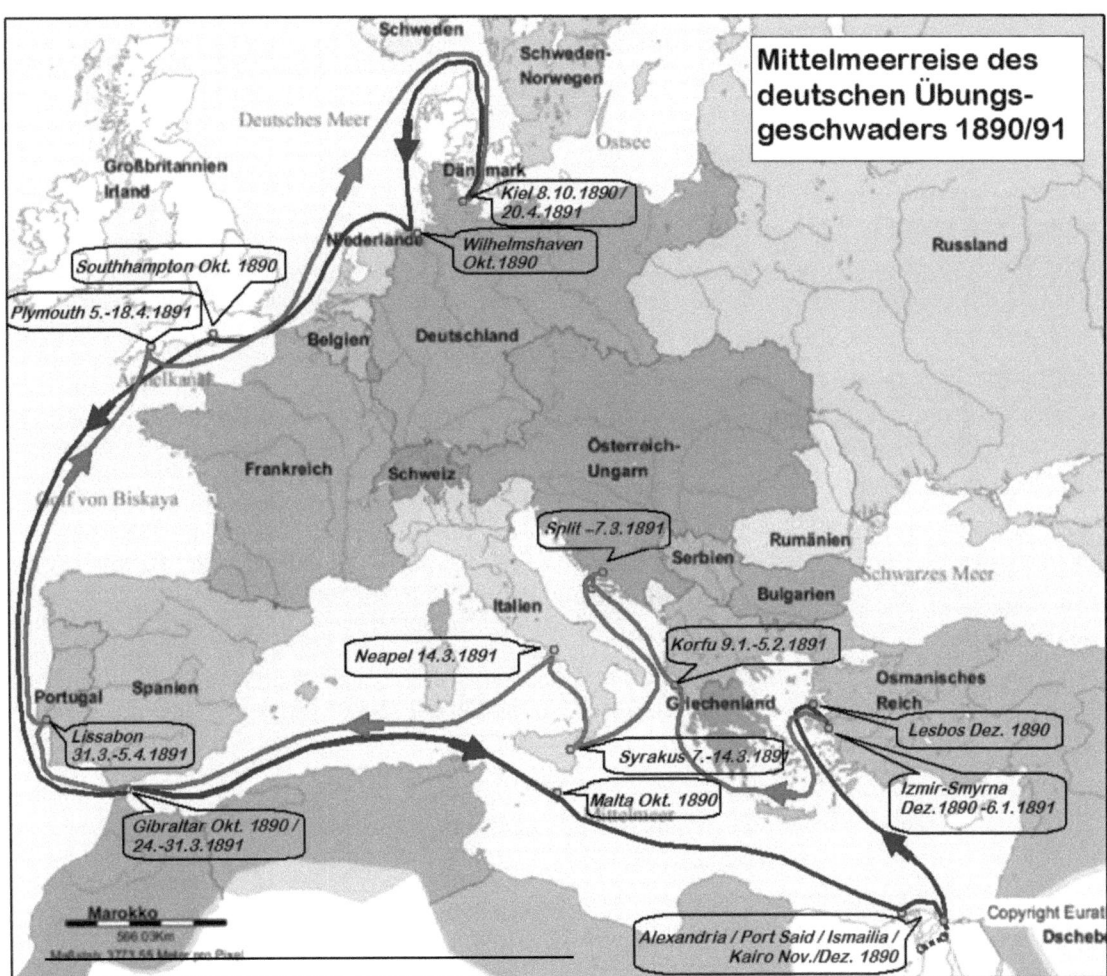

Übersichtskarte der Mittelmeerreise 1890/91

einzukaufen. Die Aufgabe war fast unlösbar. Wir bekamen eine Stunde Landaufenthalt vom Kommando des „Pfeil" bewilligt, da das Schiff beschleunigt Prähme holen sollte zum Leichtern aus „Friedrich Karl". Ohne Orts- und Sprachenkenntnis, ganz auf einen betrügerischen Dolmetscher angewiesen, kaufte ich im Bazar einige Kuriositäten für die dreiundzwanzig Seekadetten zusammen. Es stand nicht viel Geld für den Einzelnen zur Verfügung, und da ich sicher das Einzelne doppelt oder dreifach überzahlen musste, war die Auswahl klein genug. Als wir um 10 Uhr abends Smyrna mit zwei Prähmen im Schlepp verlassen wollten, hatte der Wind zum vollen Sturm aufgefrischt, so dass wir nach Verlust eines Prahms in der großen Bucht von Smyrna wieder ankern mussten. Ich verbrachte die Nacht in der Offiziersmesse, unter dem festgeschraubten Tisch hin und her rutschend, denn das Schiff schlingerte fürchterlich.

Am nächsten Morgen hatte der Wind abgeflaut, und als wir gegen Mittag an der Unfallstelle ankamen, war der „Friedrich Karl" schon seit etwa acht Stunden flott. Der Seegang war so hoch geworden, dass „Kaiser" und „Preußen" trieben und in See gehen mussten. Während ihrer Abwesenheit hat eine hohe See dann den „Friedrich Karl" vom Stapel gelassen. Er hatte nur eine geringe Beschädigung an der Außenhaut, die in einem italienischen Hafen im Dock beseitigt wurde. So kamen wir noch zu einer gemütlichen, froh gestimmten Weihnachtsfeier, gemeinsam mit den Offizieren. Nachdem die abgegebenen Inventarien wieder an Bord genommen und die geschlippten Anker und Trossen wieder aufgefischt und eingehievt waren, ging dann der Verband nach Smyrna in See.

Von der Insel Lesbos selbst hatten wir nicht viel zu sehen bekommen. Ich habe in meinen damaligen Briefen die dichten Wälder mit sehr alten Olivenbäumen und die geradezu klassische Schönheit der Bewohner, besonders der Männer, gerühmt. Und so steht mir das Bild der Insel und seiner Bewohner noch dunkel in der Erinnerung. Aufgefallen ist uns aber besonders die Art, wie die Griechen ihre Boote handhabten. Sie ruderten im Stehen und stiegen beim Zurückwerfen des Riemens auf die Ducht, d.h. die Ruderbank. Wir dachten uns, dass diese Art sich vielleicht noch von den alten Dreiruderern der griechisch-römischen Epoche herleitete, bei denen der innere Teil der sehr langen Riemen sehr schwer zu handhaben war. Ob diese unsere Ansicht zutraf, habe ich allerdings nie feststellen können.

Smyrna

Am 28. Dezember ankerten wir vor **Smyrna**[57].

---

[57] Smyrna, heute Izmir, eine uralte vorgeschichtliche Gründung, war in griechischen, römischen und byzantinischen Zeiten eine bedeutende Handelsmetropole und ein Flottenstützpunkt mit einer Mischbevölkerung aus den verschiedensten Kulturkreisen. Die biblische Apokalypse des Johannes bestätigt in dieser Stadt auch eine bedeutende, aber bedrängte christliche Gemeinde. - Die Ortslage und der Wohlstand der Stadt verlockten aber immer wieder Angreifer vom Inland her. Araber, Seldschuken und Türken wechselten in der Herrschaft mit Byzantinern, Genuesen, Johannitern und Venezianern, bis die Stadt im 15. Jh. endgültig in die Hand der Osmanen kam. Doch war ihre Herrschaft lange Zeit tolerant und auf den Vorteil für das gesamte Gemeinwesen bedacht. Vertriebene Juden und armenische Händler zogen zu, Spanier und Franzosen; Smyrna wurde zum Zentrum ihrer Handelstätigkeit, es war die multikulturelle „Hauptstadt der Levante". In jedem Stadtteil wohnte eine andere Bevölkerungsgruppe. In diesem Stadium traf sie Wilhelm Tägert noch an. Erst die Abgrenzungspolitik durch die Jungtürkische Bewegung im Vorfeld des Ersten Weltkrieges bereitete diesem Kulturgemisch ein grausames und blutiges Ende: Griechen wurden zu Hunderttausenden vertrieben, gegen die Armenier kam es 1915 zum Völkermord; nach einem kurzen blutigen Rachezug der Griechen 1919 erlangten die Türken 1922 endgültig die Oberhand und ermordeten und vertrieben, was noch an Griechen da war; die von Armen bewohnte Altstadt ging in Flammen auf. Türkische Reiseführer verschweigen heute gern die Hintergründe, wenn sie Touristen durch die

Nachmittags liefen zwei japanische Kreuzer ein, die geretteten Mannschaften des türkischen Kriegsschiffes „Ertrogul" nach Kospoli[58] bringen sollten. Der „Ertrogul" war in japanischen Gewässern untergegangen. In Kospoli war alles zu einem feierlichen Empfang vorbereitet gewesen, doch infolge eines „Missverständnisses" hatte der türkische Kommandant der Dardanellen den Japanern die Durchfahrt verweigert, die nun hier die Aufklärung des Missverständnisses ab- warten mussten.

Kamelkarawane in Smyrna 1890

Während des mehrtägigen Aufenthaltes vor Smyrna wehte dauernd ein eiskalter Nordost, manchmal zur Sturmstärke auffrischend. Nach meinen damaligen Aufzeichnungen war die Stadt schmutzig. In einer belebten Straße lag ein toter Esel scheinbar schon seit Tagen. Sogenannte Sehenswürdigkeiten bot die Stadt nicht. Sehr interessant war aber eine große Karawanserei für mehrere hundert Kamele. Wir besichtigten sie in der Dämmerung, als gerade wieder zahlreiche Karawanen eintrafen. Eine solche Karawane bestand in der Regel aus sechs bis sieben Kamelen, jedes mit einem Strick am Sattel des Vordermanns festgemacht. Das erste Tier war ein Hengst mit sehr schönen Kameltaschen geschmückt und ohne Last. Vor ihm ging wieder mit einem Strick mit seinem Halfter verbunden ein kleiner Esel.

Jede Karawane wurde von einem Mann geführt und betreut. Es war meine erste Berührung mit Innerasien. Die Karawanen kamen zum Teil von Turkestan. Die Führer waren prachtvolle harte Männer. Stolz wiesen sie ein Bakschisch zurück. In ihren daumendicken Filzmänteln mit großen Kapuzen sahen sie aus, als steckten sie in einem Schilderhaus. Alles ließ erkennen, dass der Marsch durch die sturmdurchtobten Steppen kein Vergnügen gewesen war.

Eine Eigentümlichkeit von Smyrna schienen nächtliche Brände zu sein. Fast in jeder Nacht unseres Aufenthaltes brannte irgendein Gebäude oder auch mehrere ab, mehrfach schickten wir unsere Feuerbrigaden an Land, die aber mit ihren kleinen Druckwerken wenig ausrichten konnten.

Die Silvesterfeier verlief sehr lustig. Der Admiral war mit seinem Flaggleutnant auf einem türkischen Aviso nach Kospoli-Konstantinopel gefahren, um dem Sultan zu danken, der seinen Generaladjutanten ACHMED PASCHA zur Begrüßung nach Lesbos geschickt hatte. Wir hatten also „sturmfreie Bude" und veranstalteten allerhand Schabernack.

Wir stellten zunächst in Kostümen orientalisches Leben dar. Dann kopierte einer der Offiziere den etwas komischen Achmed Pa-

---

Stadt führen, die nur noch wenig vom alten Flair besitzt.

[58] Dies ist einer der vielen Namen, die die Metropole Konstantinopel bereits in römischer Zeit hatte; der heute gebräuchliche Name „Istanbul", der sich von der griechischen Bezeichnung „eis ten polin" = „hin zur Stadt" herleitet, verfestigte sich erst im Verlauf des 20. Jh.

scha bei der Ansprache, die er an Offiziere und Mannschaften gehalten hatte. Es gab natürlich für die ganze Besatzung Silvesterpunsch mit entsprechendem Gebäck. Ein kleiner Brand in der Offiziersmesse, hervorgerufen durch den dürren Weihnachtsbaum, war schnell gelöscht und störte die Festfreude nicht. Um 12 Uhr nachts schlug die Schiffsglocke, wie üblich, zweimal acht Glas, einmal für das alte, einmal für das neue Jahr. Jeder hatte sich auf seinen Stuhl gestellt und sprang Punkt 12 Uhr mit seinem „Glücksbein" voran in das neue Jahr.

Ich hatte die Mittelwache auf der Kommandobrücke. Bald nach Mitternacht kam ein Matrose auf die Brücke voll Schwermut und Silvesterpunsch. Er jammerte mir etwas Unverständliches vor, und als ich ihn wegschickte, sprang er plötzlich auf die Reling und von dort ins Freie. Die Sekunde dieses Sprunges hatte aber doch genügt, seinen Lebensmut wieder zu entfachen. Er klammerte sich an den Rand des dort hängenden Seitenbootes, und wir holten ihn mit einer Schlinge wieder herein. Ich habe mir dann noch lange überlegt, ob dies wohl ein glückverheißendes Zeichen war.

Am Nachmittag hatten die japanischen Kreuzer die Reede endlich wieder verlassen können. Am 4. Januar war unser Schiff zur Besichtigung freigegeben und von zahlreichen Türken und Türkinnen besucht worden. Am 5. Januar fand sogar ein Ball an Bord statt, für die europäischen und griechischen Damen. Ich machte an diesem Tage eine Partie nach Bonenabad, einem kleinen Städtchen, das am Ende des Golfes, der großen Meeresbucht, in prachtvollen Gärten wie verzaubert träumte.

Am 6. Januar verließen wir endlich die ungastliche Reede, auf der die Schiffe immer wieder mehrere hundert Meter abgetrieben waren. Beim Verlassen der Bucht fielen mir die großen Salzberge auf, die beim Verdunsten von Seewasser gewonnen und im Freien aufgeschichtet waren. Als wir die Zea-Straße und Sumium passierten, sahen wir, dass auf den Bergen zahlreiche Weihnachtsfeuer brannten.

Korfu

Am 9. Januar ankerten wir im Hafen von **Korfu**. Dieser Hafen ist eigentlich eine offene Reede, nur an der Ostseite bieten die Berge des Festlandes einigermaßen Schutz gegen den jetzt vorherrschenden Nord-Nordostwind.

Korfu: Alte Zitadelle

Die Stadt Korfu selbst erschien mir damals als eine der schönsten, die ich bis dahin gesehen hatte. Die Straßen waren reinlich und gut gehalten, das Klima ist vorzüglich, die alten Befestigungen sind sehr malerisch. Die Geschütze sind von den Engländern mitgenommen worden, als sie seinerzeit nach mehrjähriger Besetzung die Insel den Griechen wieder überlassen hatten[59].

---

[59] Nach französischen und russischen Intermezzi war Korfu durch die Entscheidung des Wiener Kongresses von 1815 unter englischem Protekto-

Man hat von der alten Zitadelle, die die Einfahrt zu dem kleinen Binnenhafen früher beherrscht hat, eine herrliche Aussicht auf die Stadt und die dalmatinischen Schneeberge. Man sieht auf die malarische Mausinsel hinunter, die mit ihren Zypressen dem Maler Arnold Böcklin als Vorbild für seine Insel der Seligen gedient hat[60].

Am 13. Januar war griechisches Neujahr. Schon bei Sonnenaufgang salutierte die Salutbatterie auf der Zitadelle, und alle Schiffe, auch wir flaggten über die Toppen. Mittags fand ein feierlicher Feldgottesdienst der griechischen Garnison mit nachfolgender Parade an Land statt. Wir konnten der Feier beiwohnen.

Der **mehrwöchige Aufenthalt** wurde fleißig zum Ausbildungs- und Exerzierdienst ausgenutzt. Häufig störte allerdings schwerer Seegang den Außendienst und den Bootsverkehr. Mehrfach trieben die Schiffe ab; auf „Preußen" brach auch die Ankerkette.

Mit Ankern und Ketten hatten wir überhaupt manchen Kummer. Schon beim zu-Anker-gehen war dem SMS „Deutschland" die Kette gebrochen, sie musste mit dem Anker aus 38 Metern Tiefe in mehrtägiger Arbeit wieder aufgefischt werden. Bei dem herrschenden hohen Seegang musste die „Deutschland" mehrere Nächte in See bleiben, da das Schiff vor Anker trieb. Der Kutter eines der Schiffe wurde auf die Mole geworfen, wo die Gischt der Brandung weit über die Dächer

der Straße hinwegging. Aber dann kamen auch wieder wunderschöne Wettertage, und dann lebten wir in unserer Freizeit wie im Paradies.

Wir hatten ein griechisches Gasthaus aufgetan, nicht erstrangig, aber billig, mit vorzüglicher Küche und viel Wein, an dessen Herbheit man sich allerdings erst gewöhnen musste. Hier konnte man sich täglich an gebratenen Schnepfen satt essen.

Mehrfach in der Woche spielte auf der Insel auch eine kleine italienische Operntruppe. Das Repertoire umfasste Aida, Carmen und noch eine italienische Oper. Als Nummer vier folgte dann regelmäßig ein Abend mit einem Akt aus jeder von den Opern. In den Logen versammelte sich die ganze gute Gesellschaft der Stadt. Auch wir beteiligten uns an den stürmischen Beifallskundgebungen, bei denen es nicht nur Blumen, sondern auch Süßigkeiten und sogar lebende Tauben regnete. Carmen und Michaela begeisterten unsere jungen Herzen besonders. Wir haben manchen genussreichen Abend dort verbracht.

An einem Tage machten wir einen Ausflug nach Casturi, einem Dörfchen, wo sich die Kaiserin von Österreich ihr „Achilleion" bauen ließ, das mich zu folgender brieflicher Schilderung begeisterte[61]:

---

rat Teil der „Republik der ionischen Inseln", bis es am 21. Mai 1864 Teil des neuen, von der osmanischen Herrschaft befreiten Griechenlands wurde. Das heutige dichte, 700 km lange Straßennetz auf der Insel verdankt sich ebenso der britischen Initiative, wie manche Baulichkeiten und Parks in Korfus-Stadt.

[60] Freilich war Böcklin nie in Korfu, und ob er andere Bilder von dieser Insel kannte, ist eher zweifelhaft. Üblicherweise wird das kleine Eiland Pondikonisi südlich der Lagune, das man von der Halbinsel Kanoni aus in der Einflugschneise des heutigen Flughafens Korfu sehen kann, mit Böcklins Toteninsel verglichen.

[61] ELISABETH VON ÖSTERREICH-UNGARN (1837-1898), die auch „Sisi" oder „Lisi" genannt wurde; sie hatte Korfu auf der Flucht vor der Wiener Hofetikette 1867 entdeckt und 1889 dort mit dem Bau ihres kostspieligen Traumschlosses begonnen; erst 1892 wurde es ganz fertig, doch sie hatte keine innere Ruhe, es in den letzten sechs Jahren ihres rastlosen Lebens wirklich zu genießen. Wilhelm Tägerts Bericht zeigt, wie weit der Bau des Schlosses damals schon gediehen war und was man über seine Finanzierung sagte. Ihre Tochter verkaufte es 1907 dem deutschen Kaiser Wilhelm. Er ließ die Büste es Dichters Heinrich Heine aus dem Pavillon auf der unteren Nord-Terrasse entfernen, den Elisabeth über alles verehrte, doch niemand wollte sie ihm abkaufen; sie landete zunächst in einer Kneipe und steht heute in der Jardin des Mourillon in Toulon. Die Skulptur des reifen, „sterbenden Achill" an

„Sisis Achilleion" im Bauzustand von 1890, mit Blick auf Korfu-Stadt

„Das Innere des Hauses ist im pompejanischen Stil gehalten, und es sind namentlich die Deckenmalereien großartig. Vor dem Schlosse sind mehrere Terrassen angelegt mit einer herrlichen Aussieht auf die Insel und das gegenüber liegende Festland. Die unterste trägt eine Marmorstatue des sterbenden Achilles.

Das Schloss sucht jedenfalls in Bezug auf Lage und Einrichtung seinesgleichen, hat allerdings auch bis jetzt bereits den in Aussicht genommenen Preis von 1 Million um das Fünffache überschritten und wird auch wohl, nach Aussage eines österreichischen Baumeisters, noch einige Millionen mehr kosten."

Unterwegs machten wir in einem kleinen Dorf halt; dort gestattete uns ein Bauer, für eine Drachme einen ganzen Baum voll Orangen radikal zu plündern, so dass jeder genug bekam. Die Drachme stand damals auf ungefähr 50 Pfennig.

Am 27. Januar wurde unter den üblichen Feierlichkeiten Kaisers Geburtstag begangen[62].

Schweren Herzens verließen wir Mitte Februar dieses Dorado, um sofort von einer eiskalten, stürmischen Bora in Empfang genommen zu werden.

Lissa und Spalato

Bei **Lissa**[63], wo der österreichische Admiral Wilhelm von Tegethoff im Rahmen des preußisch-österreichischen Krieges 1866 die mit Preußen verbündete italienische Flotte schlug, begrüßte uns der österreichische Kreuzer „Nautilus" und geleitete uns auf die Reede von **Spalato**[64], wo das österreichische Wintergeschwader in Stärke von sechs Schiffen zu Anker lag.

Mit den österreichischen Kameraden entwickelte sich bald ein reger Verkehr. Die Stadt Spalato-Split, zum großen Teil in den alten Palast von Diokletian hineingebaut, bot viel Interessantes. Der alte große Tempel ist zum Dom umgebaut. Das Museum enthält viele römische Antiquitäten.

---

diesem ausgesetzten Punkt der Terrasse, den die melancholische Elisabeth ebenso liebte, ließ Wiljelm versetzen und durch einen „heldenhaften" jungen Achill ersetzen.

[62] Schon unter Wilhelm I. wurde „Kaisers Geburtstag" als Feiertag mit nationalem Anspruch gefeiert, so zuletzt im Jahr vor seinem Tod 1887. Kaiser Wilhelm II. belebte diesen Tag bereits wieder im zweiten Jahr seines Regiments 1889 und legte ihn sinngemäß auf den 27. Januar. Zwar war an diesem Tag nicht arbeitsfrei, wohl aber gab es Militärparaden und Feste, die deutschlandweit mit unterschiedlicher Intensität begangen wurden. Schüler lernten Lieder und Gedichte auswendig, wie „Hurra! Heut ist ein froher Tag, des Kaisers Wiegenfest" von Ernst Lausch, oder „Der Kaiser ist ein lieber Mann". Daneben feierte aber jeder Bundesstaat weiter das Geburtstagsfest seines jeweils regierenden Fürsten.

[63] Gemeint ist die die kroatische Insel Vis, das sogenannte „Gibraltar der Adria", die damals unter der Herrschaft von Österreich-Ungarn stand.

[64] das heutige, auf dem Festland gelegene Split, damals ebenfalls unter Herrschaft von Österreich-Ungarn

Da aber die Bora immer wieder stürmisch einsetzte und den Bootsverkehr auf der großen Hafenbucht häufig recht schwierig gestaltete, weinten wir Spalato keine Träne nach, als wir es am 7. März verließen, um dann in Porto Grande von **Syrakus** zu ankern.

Syrakus

Sobald mein Dienst zu Ende war, fuhr ich in die Altstadt. Ich berichtete brieflich hierüber:

„Wir besuchten zunächst die großartigen Katakomben, die ein Labyrinth von Gräberstraßen bilden. Zahlreiche durchbrochene Stellen lassen das Tageslicht herein und erzeugen eine gleichmäßige Dämmerung. Dann führte uns der braun bekuttete Klosterbruder in die Kirche San Giovanni mit dem Grabe des heiligen Martian und uralten Fresken, eine kurze Fahrt führte uns dann zum griechischen Theater, das seinerzeit 40 000 Menschen gefasst haben soll. Die Einrichtung ist noch vollkommen erhalten. Dann gingen wir am Hekatombion vorbei, dem Altar des Hiero, auf dem gleichzeitig 450 Ochsen geopfert wurden.“

Für die berühmten Latomien blieb uns nur noch wenig Tageslicht übrig. Diese Steinbrüche mit fast senkrechten Wänden wurden im Altertum als Gefängnisse benutzt. 40.000 Karthager sollen in ihnen umgekommen sein. Auch die 10.000 Athener, die beim Feldzug des Alkibiades in Gefangenschaft gerieten, sind hier verschmachtet. Jetzt werden die Latomien als Gärten benutzt und verdienen mit ihrer tropischen Vegetation ihren paradiesischen Namen.

In der Latomia des Paradiso ist in einer der Wände das ungefähr 30 Meter hohe Ohr des Dionys eingehauen, ein merkwürdig geformtes Gewölbe, das oben in einem kleinen Steingemach endet. Archimedes soll die Vorlage für den Entwurf geliefert haben, indem er ihn genau dem Gehörgang eines Pferdeohrs anpasste. Die Akustik ist erstaunlich. Das leiseste

Syrakus, „Das Ohr des Dionsysos“

Geräusch schallt rauschend von den Wänden und der Decke zurück, das Zerknittern eines Stückchens Seidenpapier erzeugt ein lautes Getöse. Der Sage nach soll der geheime Nachrichtendienst des Dionys am oberen Ende der Steinkammer die Gespräche der unten eingesperrten politischen Gefangenen belauscht haben. Ich glaube, die Latomien verdanken ihre Entstehung den Steinen, die als Baumaterial hier gebrochen worden sind. Auch die Gefangenen werden wohl mit diesen Arbeiten beschäftigt worden sein.

Nicht weit von den Latomien liegt das griechische Amphitheater, das ebenfalls 30 000 Personen aufnehmen konnte. In der Mitte der Arena lag ein Teich, in dem Krokodile für die Kampfspiele gehalten wurden, auch Naumachien wurden auf diesem Teich abgehalten[65].

---

[65] Als „Naumachien" werden in der Antike eine nachgestellte Seeschlachten bezeichnet, die in einem entsprechend umgestalteten Theater oder einer Rennbahn stattfanden. Entsprechend dem

Syrakus, Amphitheater 1890

Beide Theater sind noch recht gut erhalten.

Nach Genuss dieser Sehenswürdigkeiten aßen wir im Hotel Casa Politi recht gut zu Abend, ein vorzüglicher dunkler Wein stand zur beliebigen Benutzung auf dem Tisch. Die Sizilianer trinken ihn nur verdünnt. Nachdem wir die auf dem Tisch stehenden Karaffen geleert hatten und noch mehr verlangten, setzte man uns den Mehrverbrauch auf die Rechnung.

Auf dem Heimwege fanden wir auf der Straße einen Verwundeten liegen, der aus zahlreichen Stichen blutete. Einige dabeistehende Syrakusaner taten nicht das Geringste

zu seiner Unterstützung. Auf unsere Veranlassung erst wurden Carabinieri herbeigeholt, ferner ein Arzt und ein Wagen, der dann den Verwundeten fortschaffte. Die Carabinieri schienen sich zunächst mehr für uns, als für den Verwundeten zu interessieren. Es war ein Stückchen Landessitte, was wir hier miterlebten. Ein deutscher Herr erzählte mir später, er habe auf einer Tour zu Fuß in einer kleinen Dorfschenke einen Mann unter der Bank am Schanktisch liegen sehen. Als er den Wirt fragte, ob denn der Mann bei dem Lärm in der überfüllten Stube schlafen könne, habe der Wirt lachend gesagt: „Der wacht nicht wieder auf, der wurde vor einigen Stunden totgestochen."

Neapel - Vesuv

Auch in Syrakus wurde fleißig geübt. Der Geschwaderchef besichtigte die Schiffe auf Gefechtsbereitschaft. Am 14. März gingen wir von Syrakus nach **Neapel** in See, wo mehrere englische und französische, sowie einige kleinere italienische Schiffe lagen. Wir lagen im Schutz der Mole, diesmal in völlig ruhigem Wasser, doch war der Winddruck noch immer so stark, dass mehrfach die gewichtigen eisernen Poller aus dem Deck herausbrachen, an denen die schweren Trossen belegt waren, die das Heck des Schiffs an der Mole festhalten sollten.

Meine Wachen lagen so ungünstig, dass ich von der Stadt nicht viel gesehen habe. Aber eine gemeinsame Partie auf den **Vesuv** entschädigte mich. Was wir dort erlebten, deckte sich etwa mit den Eindrücken, die Goethe in seiner Italienischen Reise schildert. Auch wir standen am Rande des kräftig arbeitenden Hauptkraters, in dem man unten den roten Feuerschein sah und aus dem beständig kleine Lapilli aufstiegen, um zwischen und

---

bewährten Prinzip „Brot und Spiele" scheuten die antiken Herrscher wie Cäsar oder Augustus keinen Aufwand, um dem Volk solche aufwendigen Spektakel zu bieten. Daran konnten manchmal über 20 Schiffe und tausende Seeleute teilnehmen. Oft war der Andrang so groß, dass von außerhalb anreisende, sensationslüsterne Zuschauer auf den Straßen kampieren mussten. Wassergefüllte Becken, die Augustus extra für solche Spiele anlegen ließ, konnten über 500 m lang und breit sein.

Vesuv mit Pompeji, kolorierte Postkarte 1890

hinter uns niederzufallen. Nur konnten wir zu einem großen Teil des Aufstieges die „Funiculare", die Drahtseilbahn, benutzen. Auf sie hatte Goethe bei seiner Reise noch verzichten müssen[66].

Es war ein mächtiges Naturschauspiel und ein wunderbares Panorama, was sich unter uns ausbreitete. - Auch **Pompeji** wurde dann noch ein kurzer Besuch abgestattet. Am 13. März verließen wir Neapel wieder.

---

[66] Die beschriebene Funicolare del Vesuvio, die fast bis zum Gipfel hochführte, konnte ab 1880 benutzt werden. Anlässlich ihrer Einweihung wurde das berühmte Volkslied Funiculi, Funicula von Peppino Turco (Text) und Luigi Denza (Melodie) komponiert. 1888 wurde sie um eine Schmalspurbahn und ein Hotel. erweitert. 1903 wurde die Seilbahn in ihrem unteren Teil durch eine Zahnradbahn ersetzt, die aber beim Ausbruch des Vesuv von 1906 beschädigt wurde. Nach dem verheerenden Ausbruch von 1944 wurde eine Autostraße bis auf 1.000 Meter und eine Sesselbahn gebaut. Von den alten Bauteilen ist fast nichts mehr zu sehen. 1984 wurde auch der Betrieb der Sesselbahn wegen zu geringer Kapazität und schwieriger Windverhältnisse eingestellt. Heutzutage fährt man bis auf 1017 Höhenmeter mit dem Auto oder Taxi und geht den Rest zu Fuß.

Wieder wurde die Überfahrt zu allerhand Übungen im Verbande benutzt. „Deutschland" und „Friedrich Karl" machten die vorgeschriebene jährliche forcierte Fahrt.

Ein tragisches Unglück im Hafen von Gibraltar

Am 24. März ankerte das Geschwader auf der Reede von **Gibraltar**, wo bereits ein Geschwader der neusten englischen Linienschiffe lag. Dicht bei dem Ankerplatz dieses Geschwaders ragten die Masten des großen Auswandererdampfers „Utopia" von der Rederei Anchor Line aus dem Wasser. Dieses Schiff war zwei Tage vorher mit knapp 900 Personen, hauptsächlich italienischen Auswanderern, bei stürmischem Südwest angekommen und wollte an der neuen Mole festmachen.

Als der Kapitän in der Dämmerung be-

Der Untergang der „Utopia", gemalt von Georgina Smith

merkte, dass die Plätze an der Mole schon von englischen Schiffen besetzt waren, drehte er ab und trieb dabei auf den Sporn der „Anson". Dieser Sporn, ein mehrere Meter langer spitzer Eisendorn, unter Wasser, der an dem geraden Vorsteven stark befestigt war, bohrte sich sofort tief in die Seitenwand der „Utopia"

Der Anblick der gesunkenen „Utopia", der sich Wilhelm Tägert bot

ein. Da das Schiff noch Fahrt machte, wurde ihm die Seite auf erhebliche Länge aufgerissen. Es sank nach wenigen Minuten.

Etwa 300 Menschen wurden durch die sofort herbei eilenden englischen Boote gerettet. 564[67] Passagiere kamen um. Ein Teil von ihnen blieb in der Panik in den Luken stecken, die völlig verstopft waren, einen Teil spülte das Wasser von der Back und von den Wanten herunter. Erbitterte Kämpfe ums Überleben wurden im Wasser ausgefochten, bis Sturm, Seegang und Dunkelheit allem ein Ende machten.

In den folgenden Tagen [68]arbeiteten zahlreiche Taucherboote an der Bergung der Leichen. Auch bei uns trieb eine solche vorbei. Ich musste sie mit meiner Ruderjolle auf den Prahm bringen, wo die Leichen gesammelt

und für die Beisetzung im offenen Wasser fertig gemacht wurden. Es war eine unerfreuliche, etwas unheimliche Aufgabe für mich[69].

---

[67] nach anderen Berichten 562

[68] Nach Wilhelm Tägerts Bericht müsste dieses Unglück also am 22. März 1891 geschehen sein; nach dem Bericht in Wikipedia wäre dieses Unglück aber bereits am 17. März geschehen, s.u. Dieses Datum scheinen auch die Links zu den Untersuchungsberichten zu bestätigen. Möglicherweise hat sich also der Tagebuchschreiber rückschauend im Datum geirrt, dies ist aber nicht weiter aufklärbar. Auf jeden Fall haben die deutschen Kriegsschiffe Gibraltar erst einige Tage nach dem Unglück erreicht.

[69] Da anschließende Verhandlung über dieses tragische Unglück ergab: Am 25. Februar 1891 hatte die „Utopia" unter dem Kommando von Kapitän John McKeague Triest mit dem Ziel New York verlassen und wollte, nach einem Zwischenstopps in Neapel, nun auch in Gibraltar anlanden. An Bord waren drei Passagiere Erster Klasse, 815 Passagiere Dritter Klasse, die meisten von ihnen italienische Auswanderer, 59 Besatzungsmitglieder und drei blinde Passagiere, die erst nach dem Ablegen entdeckt wurden. Insgesamt machten 880 Menschen diese Überfahrt mit, darunter 85 Frauen und 67 Kinder.

Am Nachmittag des 17. März 1891 lief der Dampfer bei stürmischem Wetter und daraus resultierenden schlechten Sichtverhältnissen in den Hafen von Gibraltar ein. McKeague steuerte sein Schiff zu seinem üblichen Anlegeplatz, bis er bemerkte, dass dort schon die beiden HMS Anson und HMS Rodndey lagen. McKeague sagte später aus, dass er für einen kurzen Moment vom nächtlichen Suchlicht der Anson geblendet wurde. Er überschätzte den Abstand zwischen den beiden Schiffen zudem und versuchte, die „Utopia" am Bug des Linienschiffes vorbei steuern. Sturmböen und peitschende Wellenließen die „Utopia" auf den damals bei großen Kriegsschiffen noch üblichen Rammbug der Anson prallen. Dieser riss ein fünf Meter breites Loch unterhalb der Wasserlinie in das Heck der Utopia. Das Schiff begann schnell zu sinken, was eine Panik unter den Passagieren auslöste. Zudem fielen die Lich-

Das Osterfest am 29. März wurde recht feierlich begangen. Nach dem Gottesdienst wurde das Abendmahl gereicht, das zahlreiche Leute empfingen. Nachmittags besuchten wir das neue Linienschiff „Camperdowne", das mit seinen 40 cm-Geschützen und vielen modernen Einrichtungen einen großen Eindruck auf uns machte.

Unsere Linienschiffe waren damals eigentlich alle völlig veraltet. Schon das Beibehalten eines großen Teils der Segelschiff-Takelage, die im Gefecht nur ein unangenehmes Hindernis darstellen konnte, wurde immer schärfer kritisiert. „König Wilhelm", „Kronprinz" und „Friedrich Karl" hatten ihre schwere Ar-

---

ter nach kurzer Zeit aus; viele Menschen sprangen über Bord ins kalte Wasser. Kapitän McKeague wollte das Schiff noch auf Grund setzen, doch waren die Maschinen ausgefallen. Weil die „Utopia" stark nach Backbord krängte, wurden die Rettungsboote auf dieser Seite unbrauchbar, Hunderte waren im Schiff gefangen.

20 Minuten nach dem Zusammenstoß sank die „Utopia". Die Rettung der Schiffbrüchigen war wegen der rauen See und dem stürmischen Wetter äußerst schwierig. So konnten von den 880 Menschen an Bord schließlich nur 318 gerettet werden: 290 Passagiere Dritter Klasse, zwei Passagiere Erster Klasse, 23 Besatzungsmitglieder und die drei blinden Passagiere. Die übrigen 562 Passagiere und Besatzungsmitglieder kamen ums Leben. Außerdem ertranken zwei Männer des Panzerkreuzers „Immortalité". Die ersten „Utopia"-Opfer, 28 Erwachsene und drei Kinder, wurden am 20. März in Gibraltar beerdigt.

Da das Hafenbecken nur 17 m tief ist, konnte man in den folgenden Tagen noch einen Teil der Aufbauten des wieder aufgerichteten Schiffes sehen, wie Wilhelm Tägert korrekt beschreibt. Taucher, die kurz nach dem Unglück zum Wrack geschickt wurden, berichteten von „hunderten von Leichen", die „so eng zusammengepfercht waren, dass man sie kaum voneinander trennen konnte". Kapitän McKeague, der überlebte, wurde festgenommen und bei den offizielle Untersuchung des Unglücks unter dem Vorsitz des Hafenkapitäns von Gibraltar wegen erheblicher Fehler bei der Beurteilung der Lage als schuld an dem Unglück bezeichnet. Das Wrack des Passagierdampfers wurde 1882 geborgen und zurück zur Werft nach Glasgow gebracht, aber erst 1900 endgültig verschrottet. (Nach Wikipedia).

mierung, kurze 24 cm-Geschütze, in fast offenen langen Batterien stehen, in denen ein einziger schwerer Treffer unter Umständen alle Geschützmannschaften außer Gefecht setzen konnte. „Kaiser" und „Deutschland" waren mit ihren Kasematten etwas besser gestellt, auch das Kaliber der schweren Artillerie war etwas stärker, 26 cm. Die Turmschiffe „Friedrich der Große" und „Preußen" hatten nur wenig Gefechtswert und auch keine guten Seeeigenschaften.

Neuer waren die vier Schiffe der Sachsen-Klasse [70], bei denen aber die 26 cm-Geschütze ohne jeden Panzerschutz über ihre Barbetten hinweg feuerten. Hier hätte man die Besatzungen mit einer Revolverkanone niedermähen können. Im Übrigen waren die Schiffe viel bessere Seeschiffe, als man nach ihrem Äußeren hätte glauben sollen. Vor allem manövrierten sie im Verbande vorzüglich. Sie waren auch die ersten Zwei-Schraubenschiffe. Viele Generationen unseres Seeoffizierskorps haben auf diesen Schiffen ihre Ausbildung im Verbandfahren erhalten.

Lissabon und Plymouth

Am 31. März verließen wir Gibraltar und ankerten am nächsten Tage auf dem Tajo vor **Lissabon**.

Von der Stadt habe ich nichts gesehen. Auf der langen Marina promenierte abends die halbe Bevölkerung. Es ist derselbe Quai, der damals zu Goethes Jugendzeit bei einem schweren Erdbeben mit Tausenden von Menschen in die Tiefe versank. Auf dem Fluss lagen verschiedene portugiesische Kriegsschiffe, die selbst und namentlich auch in ihren Booten einen recht verkommenen Eindruck machten.

---

[70] benannt nach dem ersten, 1877 bei der Vulkanwerft in Stettin fertiggestellten der vier seit 1861 geplanten leichten Panzerschiffe „Sachsen", „Bayern", „Württemberg" und „Baden".

Der junge portugiesische König Carlos I.

Zwei portugiesische Seekadetten, die uns besuchen wollten, kenterten am Fallreep. Nachdem wir ihnen trockene Kleider gegeben hatten, führte der eine in der Messe gewaltig das große Wort, vorher im Wasser hatte er erbärmlich geschrien. Er erklärte kühl, Portugal sei zwar eine Monarchie, er aber und zahlreiche seiner Kameraden zögen die Republik vor. Diese damals für uns unerhörten politischen Äußerungen schockierten uns sehr.

Am nächsten Tag besuchte das Königspaar den „Kaiser". Der König machte keinen bedeutenden Eindruck[71], aber die Königin[72] war eine anmutige und majestätische Erscheinung. Sie war ganz entzückt, als ihr in der Kasematte das Exerzieren an den schweren 26-cm Geschützen vorgeführt wurde. Es war aber auch ein sehenswerter Anblick: die straffe Haltung der Ka- detten, die jugendlichen, kräftigen Körper, das sichere Umgehen mit der schweren Munition und das noch mit der Hand ausgeführte Schwenken der schweren Geschütze. Später exerzierte „Deutschland" das Setzen von Torpedoschutznetzen, das damals noch ein sehr beliebtes Paradestück war.

Nachdem wir am 5. April Lissabon verlassen hatten, ankerten wir in **Plymouth**. Bei der Hinfahrt sahen wir noch den Stumpf des alten **Leuchtturms von Eddystone**, des Vielbesungenen, der Zehntausenden von Schiffen den Weg in den englischen Kanal gewiesen hat, dann aber durch die Änderung des Fahrwassers unbrauchbar geworden war.

Hier besuchte der HERZOG VON EDINBURGH mit großem Gefolge unser Schiff. Er hatte als Coburger noch Ansprüche auf den Braunschweiger Thron und war selbst ein Sohn der alten Königin von England[73].

Der portugiesische Königin Maria Pia

---

[71] Der beim Volk wenig beliebte KARL I. (1863-1908) entstammte dem portugiesischen Zweig des Hauses Sachsen-Coburg-Gotha und hieß korrekt: „Dom Carlos Fernando Luís Maria Victor Miguel Rafael Gabriel Gonzaga Xavier Francisco de Assis José Simão de Bragança Sabóia Bourbon Saxe-Coburgo-Gotha". Er war in Lissabon geboren und hatte knapp zwei Jahre vor dem Flottenbesuch im Jahr 1889 die Herrschaft angetreten. Die Eruption der portugiesischen Seekadetten erwies sich auf düstere Weise als profetisch: bei einem Attentat von Republikanern kam Carlos I. im Jahr 1908 ums Leben. Seinem Sohn Emanuel gelang es nur noch zwei Jahre lang, die Monarchie zu behaupten, bevor sich endgültig die republikanische Staatsform durchsetzte.

[72] MARIA PIA VON SAVOYEN

[73] Herzog ALFRED VON SACHSEN-COBURG UND GOTHA (1844-1900) war einer der höchsten Adligen des damaligen britischen Empire. Er begegnete den jungen Seekadetten der kaiserlichen Marine als Fachmann. Er war der zweitgeborene Sohn der britischen Königin VICTORIA und ihres Gemahls ALBERT VON SACHSEN, COBURG UND GOTHA und damit der Bruder der deutschen Kaiserin VICTORIA, der Ehefrau von KAISER FRIEDRICH III., der 1888 nur 99 Tage lang regieren konnte.

Seiner Neigung entsprechend war Alfred Marineoffizier geworden, der mit Begeisterung See-

Der Leuchtturm von Eddystone auf einer historischen Radierung

von uns eingeladen. Ich gehörte dazu und schiffte mich mit auf dem „Nautilus" ein. Wir gingen unter Segel Anker-auf, die Jungen machten uns verschiedene Segelmanöver vor, aber außerhalb des großen Wellenbrechers schlingerte die Brigg in der kabbeligen, kurzen See derartig, dass die meisten Jungen seekrank wurden.

Mittags aß ich mit in der Kajüte. Tisch und Stühle waren festgeschraubt, Schlingerleisten über den Tisch gespannt, aber als der Steward mit der delikaten Poularde hereinkam, die der Commander selbst tranchieren wollte, lag im nächsten Augenblick die Poularde in der einen Ecke und der Steward in der anderen. Wir fanden das alles sehr spaßig.

In unseren Booten das Hafenbecken überquerend, besuchten wir auch den Park des HERZOGS VON MOUNT ED- GECUMB.

Herzog Alfred von Edinburgh um 1890

Herzog ALFRED hatte zum Besuch der vier im Hafen liegenden Schiffsjungen-Briggs je zehn mann war und ganz in seinem Beruf aufging. Er hatte breite Anerkennung insbesondere wegen seiner außergewöhnlichen seetaktischen Fähigkeiten gefunden und als Kapitän von englischen Kriegsschiffen Weltreisen zu vielen Brennpunkten des Empire unternommen. Bei einem Attentat durch einen Iren wurde er in Australien in den Rücken geschossen, konnte aber mit eisernem Pflichtbewusstsein nach nur einem Monat Genesungszeit die Reise fortsetzen. Er war das erste Mitglied des englischen Königshauses, das die Kolonien Indien und Hongkong bereiste.

Das Ansinnen der griechischen Nationalversammlung 1862, ihn in der Nachfolge von Otto I. zum König von Griechenland zu machen, lehnte der junge Fürst als Angehöriger einer Großmacht ab.

Er wurde 1878 Konteradmiral, 1882 Vizeadmiral, 1887 Admiral und schließlich am 3. Juni 1893 Großadmiral. Im gleichen Jahr wurde er in der Nachfolge seines Onkels väterlicherseits, Herzog ERNST II., Regierender Herzog von Sachsen-Coburg und Gotha, er legte seine Ämter in England nieder und zog nach Coburg. Nach zähem Start, misstrauisch beäugt von Kaiser und Deutschem Parlament, konnte er doch allmählich die Anerkennung durch seine Untertanen erwerben. In seinem Schloss Rosenau bei Coburg starb er im Jahr 1900 kurz vor seinem 56. Geburtstag.

Man trat darin förmlich auf Kaninchen. Die in unserer Marine berühmt gewordene Inschrift am Eingang: „Dogs and Midshipmen not allowed to enter" war leider nicht mehr vorhanden.

An einem der nächsten Tage besichtigten wir unter Führung zahlreicher englischer Seeoffiziere nach Anweisung des Herzogs von

Edinburgh die berühmte große Werft sehr eingehend. Es war höchst lehrreich und interessant für uns, die auf Stapel stehenden neuen Schiffe zu sehen, die wichtigsten Werkstätten und Ausrüstungsschuppen, die Exerzierschuppen mit Gewehrexerzieren nach Musik und vieles andere mehr. Ein für unsere Begriffe glänzendes Frühstück schloss die Besichtigung ab.

Am nächsten Tage schiffte sich der kommandierende Admiral der deutschen Flotte[74] bei uns ein, um aus der Hand des Herzogs von Edinburgh den hohen Orden „Michael and George" in Empfang zu nehmen[75]. Er besichtigte dann die verschiedenen Schiffe zum Teil auch auf der Fahrt und auf der Reede von Brighton, wo wir vorübergehend ankerten. Nachdem er den Schiffen seine Anerkennung ausgesprochen hatte, verließ er den Verband auf „Friedrich Karl".

Nach dem Verlassen von Plymouth wurde das „Tentamen" abgehalten, eine Zwischenprüfung über die Ergebnisse des während der Reise verabfolgten theoretischen Unterrichts. Da die Theorie gründlich unpopulär unter uns war und die Lehrer, Offiziere und Ingenieure des Schiffs den Unterricht wohl auch als eine lästige Beigabe angesehen hatten, erwies sich der erreichte Erfolg als recht fragwürdig. Es lag ja auch noch ein volles Jahr theoretischer Ausbildung vor uns.

Der Flottenverband löste sich auf, unsere Schiffe dampften einzeln um Skagen herum nach Kiel. Am 20. April dort angelangt, erhielten wir sofort Heimaturlaub.

Admiral Max von der Goltz, Portraitstudie von Anton v. Werner 1891

---

[74] MAX VON DER GOLTZ (1838-1906)

[75] Der Orden „The Most Distinguished Order of Saint Michael and Saint George" wurde 1818 von Georg, Prince of Wales, dem späteren König Georg IV., mit dem ursprünglichen Zweck gestiftet, verdienstvolle Bürger im damaligen britischen Protektorat über die ionischen Inseln auszuzeichnen. Nach dem Übergang der Inseln an Griechenland 1864 wurde die Zwecksetzung erweitert auf die Ehrung britischer und anderer Staatsangehöriger, die sich Verdienste um die Ausweitung des Commonwealth erworben haben. Im britischen Auszeichnungssystem steht der Orden an sechster Stelle. Sein Motto ist „Auspicium melioris aevi – Vorzeichen eines besseren Zeitalters".

5. Als Seekadett an Bord S.M. Panzerschiff „Siegfried" und SMS „Kronprinz" Mai 1891 bis März 1892

SMS „Siegfried"

Das Frühjahr 1891 brachte wieder eine Neuverteilung für uns. Ich wurde mit sieben Crewkameraden auf SMS „Siegfried" kommandiert.

Dieses Schiff war das erste einer Serie von acht, es war nach etwa 1 ½ Jahren Bauzeit im August 1889 vom Stapel gelaufen. Die Pläne stammten also noch aus der Zeit vor Kaiser Wilhelm II.

Etwas nebelhafte Vorstellungen vom defensiven Seekrieg an unseren Küsten hatten diese Pläne recht unglücklich beeinflusst.

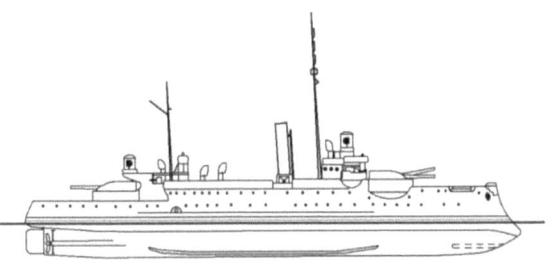

Die „Siegfried" vor und nach dem Umbau 1902

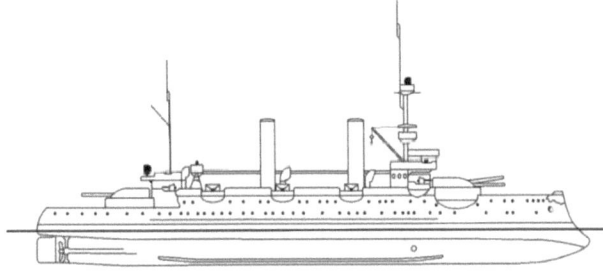

Das Schiff litt bei seiner ersten Indienststellung im Frühjahr 1891 an vielen kleineren Kinderkrankheiten. Bedenklicher waren seine Abmessungen, es war zu kurz und entwickelte nicht die Geschwindigkeit, die nach der Maschinenleistung zu fordern war.

Man hat dann alle acht Schiffe verlängert[76]

Die Stapelläufe dieser Schiffsklasse fielen in die Zeit 1889-1895, als das Altgermanische Mode war und viel besungen wurde, daher die Namen aus Mythologie und Sage: Siegfried, Beowulf, Frithjof, Hildebrand, Heimdall, Hagen, Odin und Ägir[77].

Die Kampfkraft entsprach diesen hochklingenden Namen leider nicht. Die endgültige Armierung von drei 24 cm- und zehn 8,8 cm-Schnellladekanonen, erstere unter viel zu schwachen Schutzschilden und nur von Hand zu bedienen, rechtfertigten die Bezeichnung „Panzerschiff" oder gar „Linienschiff" nicht, daher die neue Bezeichnung „Panzerfahrzeug". Die 8,8 cm-Schnelladekanonen waren damals die ersten an Bord, vier konnten zunächst nur geliefert werden. In der Zeit, wo das 30,5 cm-Geschütz und die 15 cm- Schnellfeuerkanone sich schon in allen größeren Marinen durchgesetzt hatten, waren „die Dergl" hoffnungslos zweit- bis drittklassige Küstenverteidigungsschiffe.

„Die Dergl" heißen sie bei uns. Ihre Vorgänger waren Panzerkanonenboote mit je einem 30 cm-Geschütz und fürchterlichen Seeeigenschaften. Sie hatten Tiernamen und traten nur in der Mehrzahl auf. Eine Verfügung des Oberkommandos der Marine hatte

---

[76] indem man ab 1901 die bereits angefangenen oder fertiggestellte Schiffe in der Mitte auseinanderschnitt und eine Sektion von rd. 8 m Länge sowie neue Kessel und einen weiteren Schornstein einsetzte. Erstmalig wurden auch Ölbefeuerte Kessel eingesetzt, die sich zwar bewährten, aber das zweieinhalbfache an Treibstoffkosten gegenüber den Kohlekesseln verursachten.

[77] vergl. auch das Titelbild dieses Buches mit SMS „Heimdall" und „Siegfried"

von ihnen als „Biene, Wespe u. dergl." gesprochen, so war ihnen der Name „Dergl" geblieben. Diese „Ur-Dergl" waren eigentlich Sinnbilder und Garanten unserer unwandelbar friedlichen Außenpolitik jener goldenen Tage des II. Reichs.

Alles dieses hat uns damals wenig oder gar nicht beschäftigt, wir waren sogar stolz auf unser Schiff, wenn es auch nur 4.150 ts verdrängte und 307 Mann Besatzung hatte. Waren wir nicht die Nr. 4 im Manövergeschwader mit Baden, Bayern und Oldenburg, also richtigen Panzerschiffen? Mit dem Übungsgeschwader unter Kösters „Kaiser", „Deutschland", „Friedrich Karl", „Preußen" und „Prinzess Wilhelm" zusammen bildete das Ganze die Manöverflotte unter Admiral CARL DEINHARD, der zugleich das Manövergeschwader führte.

Ein strenger, gefürchteter Mann! Zwei Jahre vorher hatte er mit dem Kreuzergeschwader und englischen Kreuzern die ostafrikanische Küste blockiert, um den Sklaven-

Admiral Karl Deinhard,
gezeichnet von C. W. Allers

handel dort zu unterbinden. Diese Blockade forderte den rücksichtslosen Einsatz der Offiziere und Mannschaften, die oft wochenlang in offenen Booten und bei unruhiger See den schweren Blockadedienst durchzuführen hatten. Jetzt sperrte er vom Fleck weg jeden ein, den er im Boot stehend sah. Er hat seinen Verband gehörig geschliffen, und dabei bekam jeder auch von uns sein Teil ab. Übungsfeld waren Ost- und Nordsee unter besonderer Bevorzugung der Danziger Bucht.

Ich war Ordonanzkadett des I. Offiziers und damit Rollenkadett geworden, so hatte ich die Verteilung der Mannschaft auf die verschiedenen Rollen zu bearbeiten, für Gefecht, Feuer, Verschluss Boote, Landung Backen und Manöver. Diese Rollen mussten alle überarbeitet, größtenteils überhaupt neu aufgestellt werden. Da gab es viel zu lernen.

Wir waren ganz nett untergebracht, aber das Schiff war unwohnlich, da Wände und Decken zur Vermeidung von Feuersgefahr im Gefecht aus nacktem Eisen waren. So lief denn oft genug blankes Schwitzwasser an den Wänden herunter.

Die See-Eigenschaften des Schiffs waren gut. Die Munitionsförderwerke wollten anfangs nicht funktionieren, die Lafetten ließen sich beim Schlingern schwer in Ruhe halten. Auch sonst gab es viel für die Werft zu tun, leider auch eine Kesselhavarie, bei der der hochgespannte Dampf mehrere Heizer verbrühte. Zwei starben nach qualvollen Stunden.

SMS „Kronprinz"

Die gewaltige Brücke über den Firth-of-Forth steht seit 1890

SMS „Kronprinz"

Am 1. Okt.1891 schifften wir uns, 18 Seeka-detten, auf SMS „Kronprinz" ein. Der „Kron-prinz" war mit „Friedrich Karl" und „König Wilhelm" damals eins der ältesten Panzer-schiffe, ursprünglich wurden die beiden erst-genannten als „Panzerfregatten" bezeichnet. Sie waren 1865 in England bestellt worden, verdrängten etwa 4.000 ts Wasser und hatten ca. 500 Mann Besatzung. In der gepanzerten Batterie standen auf „Kronprinz" vier, auf dem Oberdeck zwei weitere kurze 21 cm-Krupp-geschütze. Einen Kommandoturm hatte der „Kronprinz" zuerst noch nicht erhalten. Er repräsentierte überhaupt den Übergang vom Segel-Linienschiff zum dampfgetriebenen Breitseitpanzer.

Wir Seekadetten waren recht beengt un-tergebracht. Die Messe, in der nicht nur ge-wohnt und gegessen, sondern auch Unterricht erteilt wurde, bot kaum Sitzraum für 12, ge-schweige denn für 18 Kadetten.

Wir liefen schon am 7. Oktober aus Wil-helmshaven aus, nachdem das Schiff dort am 1.Okt. in Dienst gestellt worden war, und tra-ten eine Reise nach Schottland an. Auf dieser Fahrt entwickelte das Schiff sehr merkwürdige Seeeigenschaften. Bei starkem Wind hatte es zuweilen die Tendenz, mit der Nase in den Wind zu drehen, so dass das Ruder dauernd ca. 25° nach Lee liegen musste. Außerdem lag das Schiff bei gleichmäßiger Belastung bestän-dig bis zu 4° auf der Seite.

Ein Versuch, während der Überfahrt das Schiff durch Umtrimmen der Kohlen Vierkant zu legen, hatte nur den Erfolg, dass es sich auf die andere Seite warf.

In Schottland ankerten wir zunächst vor **Edinburgh** und bewunderten die inzwischen fertig gewordene **Firth-of-Forth-Brücke**[78].

---

[78] Diese riesige, 2,5 km lange Eisenbahnbrücke bei Queensferry wurde als „Auslegerbrücke" mit einer größten Durchlassweite von 521 m und einer Durchfahrtshöhe für Segler von 46 m aus Eisenfachwerk konstruiert und am 4. März 1890

Während unseres Aufenthaltes vor Leith wurden das Offizierskorps und die Seekadetten zu einem von den Schotten veranstalteten Ball eingeladen, an dem auch ich teilnehmen konnte. Wir praktizierten hier zum ersten Mal die Schutzmaßregel, dass wir die uns überreichten Tanzkarten sofort mit fingierten Damennamen oder Toilettefarben ausfüllten. Auf diese Weise gelang es mir, einem schottischen Familienvater, der etwa ein halbes Dutzend Töchtern alle mit gefletschten Zähnen beigesteuert hatte, kühl lächelnd zu entgehen.

Erstaunlich war die Wildheit, mit der getanzt wurde. Die bei uns mit großer Grandezza getanzte Francaise löste sich damals in England am Schluss jeder Tour in wilde Reigentänze auf, in denen die Haare der Damen nur so flogen. Alles übertraf aber der schottische Tanz „Reel". Die Paare standen sich in zwei langen Reihen gegenüber, und dann tanzten die Herren in wilden Sprüngen, eine Schulter vorgezogen und laute Schreie ausstoßend, auf die Gegenseite zu und wieder zurück. Ich sehe noch heute unseren verehrten Kapitänleutnant M., der diesen Tanz von früher her kannte, in fast dionysischer Ektase quer durch den Saal jagen, beide Hände hoch erhoben und, statt mit Kastagnetten zu klappern, mit seinen Fingern schnalzend. Wie sich die Weiblichkeit bei diesen Balzversuchen verhielt, habe ich leider vergessen.

Am 13. November erlebte ich auf dieser Reede den bisher tiefsten Barometerstand 722.7, dem dann auch beim Wiederansteigen ein schwerer Sturm folgte. Nach kurzem Anlaufen des **Cromarty-Fjords** dampften wir durch den **Pantland-Firth**, der zwischen der Nordspitze Schottlands und den Orkneys liegt und durch den der Gezeitenstrom fast mit der

Wildheit eines Gebirgsstroms hindurch rauscht. Laut Karte steigt seine Geschwindigkeit bis zu 9½ Seemeilen in der Stunde, was bei entgegenstehendem starken Wind zu einem wilden Seegang führt. Wir ankerten für kurze Zeit in **Kirkwall**, der verwaltungsmäßigen Hauptstadt der Orkneygruppe. Die Stadt liegt auf der spärlich bewachsenen offenen Ebene, allen Stürmen schutzlos ausgesetzt. In diesen Gewässern hatten wir mehrfach das schöne Schauspiel heller Nordlichter, die sich über den ganzen Himmel erstreckten.

Unter beständigen Übungen durchquerten wir dann die Nordsee, um **Bergen** anzulaufen. Diese von uns schon im Sommer besuchte alte Hansestadt lag nun in ihrem Winterschlaf. Schon bald nach 2 Uhr nachmittags begann es stark zu dämmern, nachdem die Sonne kaum vier Stunden Tageslicht gespendet hatte. Aber die lebenslustigen Bewohner focht das wenig an.

Unser Geigenvirtuose K. hatte eine junge norwegische Schönheit, Petra, aufgetan und sie mit ihrem Freund zum Souper eingeladen. Das war ein Ereignis damals. Es gab Schneehühner, die leider zum Teil ein zu starkes Hautgout und eine grünliche Farbe aufzuweisen hatten. Es gab auch, aber nicht viel, leichten Tischwein und, zum ebenfalls leichten Kaffee, zweifelhafte Zigarren. Die Stimmung war feierlich, jeder bemühte sich augenscheinlich, recht gesittet zu sein.

Wir hatten uns an diesem Tage auf gemeinsame Kosten ein kleines, sehr leichtes norwegisches Boot gekauft, das nun auf den Namen Petra getauft wurde. Alles schien recht glatt und zufriedenstellend verlaufen zu wollen. Der kleine Anderle, der versuchte, unter dem Tisch Besuche abzustatten, wurde noch rechtzeitig an etwaigen Übergriffen verhindert. Da aber nahte das Verhängnis. In der Schiebetür stand plötzlich „Br.". Seine Augen leuchteten und tränten vor Gutmütigkeit und Rührung, mehr aber noch vor schwedischem Punsch. Er war mit seinem Karriol gekentert,

---

eingeweiht. Obwohl der Verkehr sich seither vervielfacht und die Lasten sich erheblich vergrößert haben, ist sie bis heute in Betrieb. Im Größenvergleich übertrifft sie den Eiffelturm, wenn man ihn waagerecht legen würde, um mehr als das Sechsfache.

Fischmarkt in Bergen 1891

das sah man, und man sah und merkte auch, dass er nicht ganz nüchtern war. Fast gewaltsam wurde die Tür vor ihm geschlossen und er draußen in eine sichere Ecke abgeführt.

Aber nun war auch Petra nicht mehr zu halten, es war ihr wohl unheimlich geworden. Zu fünft brachten wir sie in unserer „Petra" an Land. Unser erst vor kurzem zu Wasser gebrachtes Bootchen leckte noch ziemlich stark. Wir mussten alle nach vorn rutschen, und Petra thronte auf dem Heck hoch über den nächtlichen Wogen. Es war zum Glück ganz still.

Auf der Rückreise wurden dann noch **Christiansand** und **Christiania** angelaufen. In letzterem Hafen fand an Bord der „Deutschland" ein großer Ball statt, den das Offizierskorps der Manöverflotte gab und an dem etwa 500 Personen der Christianiaer Gesellschaft teilnahmen. Solche Feste verliefen eigentlich immer sehr angeregt und erfolgreich.

Unter beständigen Verbandübungen kehrten wir dann in die Heimathäfen zurück. Zu Weihnachten erhielten wir zu unserer großen Freude Urlaub.

Ein missratener Sohn

Bald nach Neujahr begann der **Kieler Hafen** zu vereisen. Wir machten an der Wasserallee, an der Stadtseite des Kieler Hafens, fest, vorne und hinten an Bojen liegend. Als das Eis das regelmäßige Auslaufen wieder gestattete, wurden auch sofort die Übungen wieder aufgenommen.

Wir hatten damals einen ziemlich großen Prozentsatz von vierjährig Freiwilligen an Bord, jungen Leuten von der Landbevölkerung ohne irgendeine seemännische Vorbildung. Unter ihnen befand sich auch ein missratener Sohn aus sehr gutem Hause. Wegen seiner Unordentlichkeit und Unsauberkeit musste er an Bord statt des blauen Zeugs oder des wei-

Eiswinter an der Kieler Förde 1891: zeitgenössische Postkarte

Lebenswandels führten. „Dies tue ich", sagte der Kommandant, so laut, dass jeder an Bord es hören konnte, „im Namen deines Vaters". Damit war dieser Zwischenfall erledigt.

Es war sozusagen das Finale meines Kommandos auf „Kronprinz", den wir schon nach wenigen Tagen verließen und der dann auch endgültig aus der Liste seiner Majestät Kriegsschiffe gestrichen wurde[79].

ßen Arbeitszeugs Takelzeug tragen, ungebleichtes Leinen, das wie die heutigen Overalls geschnitten war und sonst nur zu schmutzigen Arbeiten getragen wurde.

Eines Tages, beim Auslaufen, hatte der junge Mann anscheinend wieder etwas Neues auf dem Kerbholz. Er sprang wohl in einem Anfall von Angst und Lebensüberdruss durch eine Batteriepforte über Bord, schwamm dann aber gleich zu der ihm zugeworfenen Rettungsboje und war nach wenigen Minuten wieder an Bord. Hier ließ ihn der Kommandant zu sich auf die Brücke kommen.

Die Mannschaft, in Divisionen angetreten, sah der Entwicklung des nun folgenden kurzen Schauspiels mit Interesse entgegen. Der Kommandant, Kap. DIEDERICHSEN, war ein etwa 6 Fuß hoher, breiter Mann. Er haute dem unartigen Knaben rechts und links je eine Ohrfeige herunter, die dieser wohl in seinem ganzen Leben nicht vergessen hat, die aber auch zu einer merkbaren Besserung seines

SMS „Kronprinz"

---

[79] Um Geld für sein Flottenbauprogramm zu bekommen, wollte Kaiser Wilhelm II. die „Kronprinz" zusammen mit dem Schwesterschiff „Friedrich Carl" modernisieren und an China verkaufen lassen, das sich damals im Krieg mit Japan befand. Doch da kriegsführende Staaten damals nach den deutschen Parlamentsbeschlüssen keine Waffen erhalten durften, unterblieb der Handel. Die Streichung aus der Liste der Kriegsschiffe erfolgte 1901. Für die nächsten 20 Jahre diente das Schiff als „Hulk" für die Ausbildung von Maschinisten und Heizern. 1921 wurde die „Kronprinz", das älteste Panzer-Segelschiff der Marine noch aus der Zeit des Norddeutschen Bundes, nach über 50-jähriger Dienstzeit in Rendsburg abgewrackt.

6. Erste Offizierserfahrungen 1892-1895:

Als Unterleutnant an Bord des Kreuzers „Prinzess Wilhelm" Sommer 1892

SMS „Prinzess Wilhelm"

Das Frühjahr 1892 brachte uns zunächst den Offizierssäbel, dem nach einigen Wochen die Beförderung zum Unterleutnant zur See folgte. Ich wurde mit drei Kameraden an Bord des soeben fertig gestellten Kreuzers „Prinzess Wilhelm"[80] kommandiert. Auch die Pläne zu diesem Schiff stammten noch aus der Zeit vor Kaiser Wilhelm II.

„Prinzess Wilhelm"

Das Schiff war zusammen mit seinem Schwesterschiff „Irene" ein ganz neuer deutscher Kreuzertyp. Die Takelage war bis auf zwei Signalmasten in Fortfall gekommen. Das Schiff hatte zwei Schrauben und eine wirkliche Geschwindigkeit von 16 - 17 sm. Die Bewaffnung bestand aus sechs langen 15 cm-Geschützen in Schwalbennestern und sechs kurzen 15 cm-Geschützen an Deck.

Das Schiff war falsch gebaut. Der Bug mit einem unter Wasser vorspringenden Rammsporn neigte dazu, sich unter die Wasseroberfläche einzupflügen. Diese Tendenz wurde noch verstärkt durch die vordersten Schwalbennester, an denen die See auf den schrägen Schartendeckeln hoch lief und bei schwerem Wetter die Back überflutete. Die Back neigte sich nach hinten, so dass das auf ihr angesammelte Wasser mangels eines Wellenbrechers in blauen Strömen auf das Oberdeck herabschoss. Hier waren die anfänglichen Sturzpforten viel zu klein. Die Reling war übermannshoch, so dass das Oberdeck bei der

---

[80] Diese kleinen Kreuzer waren für den Auslandsdienst geplant und sollten im Kriegsfall Handelskrieg führen. Als Namenspatin fungierte die Deutsche Kaiserin und Königin von Preußen Auguste Viktoria von Schleswig-Holstein-Sonderburg-Augustenburg; als Kronprinzessin 1888 hieß sie „Prinzess Wilhelm".

ersten Sturmfahrt wie eine Badewanne voll Wasser gelaufen war. Die erste überkommende schwere See hatte bei dieser damaligen Sturmprobefahrt den wachhabenden Offizier unsanft über das ganze Oberdeck hinweg auf die Heckschanze befördert, wo er zum Glück Halt gefunden hatte.

Die gröbsten Missstände waren alsbald auf einer englischen Werft beseitigt worden, aber das Grundübel, die verfehlte Bugkonstruktion, konnte erst später zum Teil beseitigt werden, als das Schiff zu einem größeren Umbau in eine deutsche Werft geschickt wurde.

Kapitän Carl Boeters

Wir wurden zur Erprobung des umgebauten Schiffs in schlechtem Wetter anfangs Sommer nach **Christianiasand** geschickt, wo wir auf einen tüchtigen Sturm warten sollten. Dieser blieb aber aus, stattdessen hatten wir recht angenehme Tage mit einigen jungen Norwegerinnen. Nach etwa zwei Wochen rief man uns in den Flottenverband zurück.

Unser Kommandant Kap. BÖTERS war Braunschweiger und verbarg diese Tatsache in seiner Aussprache nicht[81]. Er war ein liebens-

würdiger Mann, ein guter Seemann, aber im Verkehr mit höheren Vorgesetzten etwas ängstlich.

Man hatte uns bei dieser Fahrt einen Japanischen kaiserlichen Prinzen, YAMASHINA, einen Neffen des regierenden Kaisers mit einem japanischen Kapitänleutnant als Begleiter an Bord kommandiert[82]. Der Prinz lebte in der

---

[81] Dieser hochinteressante CARL BOETERS war übrigens kein „Braunschweiger", wie Wilhelm Tägert meinte, sondern Thüringer Binnenländer; er war 1848 in Wernigerode im Ostharz geboren worden und nach seinem Schulabschluss in Nordhausen 1865 in die Preußische Marine eingetreten. Nach Landkommandos als Kompanieführer der Seeartillerieabteilung Friedrichsort und Lehrtätigkeit an der Marineakademie und als Artilleriedirektor an der Kaiserlichen Werft in Kiel hatte er als Kapitän zur See Kommandos 1891/92 auf der „Prinzess Wilhelm", 1894 auf der „Deutschland" und 1894/95 auf der „Kurfürst Friedrich Wilhelm".

Mit seinem Ausscheiden 1896 wurde er zum Konteradmiral befördert und begann danach eine ganz neue zivile akademische Laufbahn: Er studierte an der TH Berlin Ingenieurwissenschaften und promovierte bei der Abteilung für Chemie und Hüttenkunde mit einer Arbeit „Über Reaktionen der Dihalogenthymochinone" zum Dr.-Ing. Gemeinsam mit dem Chemiker RICHARD WOLFFENSTEIN entwickelte er ein Syntheseverfahren für Dinitrophenol und Trinitrophenol, das 1909 patentiert wurde. Diese giftige sg. „Pikrinsäure" wurde zeitweilig nicht nur zum Gelbfärben von Seide, sondern auch zum Anfärben von Backwaren verwendet. Insbesondere aber war sie militärisch interessant, weil sie das erste brisante, detonierende Geschossfüllmittel war, das als Lyddit, Ekrasit, Schimose oder Melinit ab 1886 eingesetzt wurde. Dieser Sprengstoff konnte nun leicht in großen Mengen synthetisch hergestellt werden.

[82] Der damals Prinz YAMASHINA NO MIYA Kikumaro Shinnô (1873-1908) war von 1889-1894 im Rahmen der Deutsch-Japanischen Beziehungen dem Marineministerium zugewiesen. Seit 1870 spielte das deutsche Kaiserreich eine wichtige Rolle für den Aufbau der japanischen Streitkräfte. Die Studierenden, insgesamt über 450 bis zum Ersten Weltkrieg, darunter viele aus dem japanischen Hochadel, kamen nach Deutschland, um sich das Rüstzeug für die Gestaltung moderner Streitkräfte zu Land, zu Wasser und später auch in der Luft anzueignen.

Diese Militärstudenten brachten bereits eine

Seekadettenmesse durchaus auf gleichem Fuße mit seinen deutschen Kameraden. Er war liebenswürdig, einfach, anspruchslos und etwas schüchtern. Mit seinem Begleiter EMAI freundeten wir Unterleutnants uns bald kameradschaftlich an.

Der Sommer brachte uns das übliche Ausbildungsprogramm, an das wir nun schon seit zwei Jahren gewöhnt waren. Eines Nachmittags wurde der Kommandant an Bord des Flottenflaggschiffs zitiert, von wo er höchst geheimnisvoll zurückkam. Keinem der Offiziere wollte er den erhaltenen Befehl mitteilen, Er ließ sich das Verzeichnis der an Bord befindlichen Seekarten geben, beauftragte den Steuermann mit einigen Ergänzungen, die aber, mindestens zum Teil, augenscheinlich fingiert waren. Ich war Adjutant. Ein an den Kommandanten persönlich gerichtetes Winkflaggensignal, das durch meine Hände ging, verriet mir das Geheimnis: Kolumbusfeier, Mittelmeer, Genua. Übrigens konnte man diese Tatsache auch bereits aus den Tageszeitungen herauskombinieren. Leider blieb der Kommandant bei seiner Geheimniskrämerei und verhinderte so, dass sich die Offiziersmesse für die bevorstehende Repräsentation genügend eindeckte.

Ausbildung an einer technischen Hochschule oder Offiziersschule ihres Heimatlandes mit und kamen in der Regel im Range eines Hauptmanns oder Majors, fast 200 von ihnen stiegen später in Generals- oder Admiralsränge auf.

Prinz YAMASHINA NO MIYA war Nachkomme einer der vier kaiserlichen Hauptfamilien. Ab April 1891 war er an der Marineakademie in Kiel und tat, nach Ablegung der Seekadettenprüfung, Dienst auf mehreren Kadettenschulschiffen, darunter der "Stosch", "Mars" und "Bayern". Dabei begleitete ihn als offizieller Gehilfe der japanische Kapitänleutnant EMAI.

Der Russisch-Japanische Krieg 1904-05 bedeutete eine gewisse Zäsur in den militärischen Beziehungen zwischen Deutschland und Japan. Führende japanische Offiziere betonten aber wiederholt, dass ihr Sieg über Russland auch den Lehren aus Deutschland zu danken gewesen sei.

Beim Kolumbusfest in Genua 1892

Wir verließen noch am selben Nachmittag die Flotte und begannen mit unseren Reisevorbereitungen. Anfang September liefen wir über Gibraltar, Neapel und Spezia nach Genua. In **Gibraltar** wurde gekohlt, und wir hatten Zeit und Gelegenheit ein Stiergefecht in **La Linea** mit anzusehen. Dieses kleine Städtchen verdankte die Ehre eines solchen doch immerhin ziemlich kostspieligen Schauspiels wohl hauptsächlich der Nähe der englischen Garnison in Gibraltar. Fünf Stiere mussten daran glauben. Die Pferde letzter Güte machten einen trübseligen Eindruck, aber dennoch drehte sich in mir alles um, wenn einer solchen armseligen Kreatur der Bauch aufgeschlitzt wurde, so dass sie sich in ihre eigenen Eingeweide verwickelte.

In **Neapel** suchte ich das wundervolle Museum und Pompeji auf. Zu einem Besuch von Capri reichte die Zeit nicht aus. In **Spezia** wurde nur zum Kohlen Aufenthalt genommen.

Bei unserer Ankunft bereitete sich **Genua** auf die Feier der vierhundertjährigen Wiederkehr der Ausfahrt des KOLUMBUS nach Westindien vor. Er soll ja einer norditalienischen Familie entstammen. Erwartet wurden bzw. schon eingetroffen waren sechs italienische Panzerschiffe und ebenso viele Kreuzer, drei französische Panzerschiffe und ein Kreuzer, drei Österreicher,

Kolumbusdenkmal Genua 1892

Aufmarsch der Schiffe beim Kolumbusfest in Genua 1892

drei Engländer, zwei Amerikaner, fünf Spanier, ein Portugiese, ein Holländer, drei Argentinier, ein Mexikaner, ein Rumäne, ein Grieche und wir selbst. Man hatte uns den Ehrenplatz neben der königlichen Yacht reserviert, musste uns aber des Tiefgangs wegen auf einen anderen Ankerplatz verlegen.

Die ersten Tage verliefen mit Vorbereitungen. Ich bekam urplötzlich und ohne ersichtlichen Grund einen Anfall von Brechdurchfall. Ich fand mich auf meiner Koje liegend nach einer längeren Ohnmacht wieder und musste drei Tage liegen. Dann war ich wieder völlig hergestellt.

Die Kriegsschiffe der verschiedenen Nationen wurden von den verschiedenen großen, adligen Häusern Genuas betreut. Wir waren der Marchesa PALLAVICINI zugewiesen. Sie bewohnte in der Via Balbi den wunderschönen Palazzo Durazzo Pallavicini, von BIANCO erbaut. Das imposante Treppenhaus ist berühmt. Wir Unterleutnants machten zu Dritt unseren Antrittsbesuch. Der alte Hofmeister, der uns an der Tür empfing, nahm unsere Karten und hielt augenscheinlich damit die Zeremonie für erledigt. Wir machten ihm aber begreiflich, dass wir wünschten, empfangen zu werden, was denn auch geschah. Die Familie beriet gerade über das große geplante Ballfest, zu dem auch das Königspaar erscheinen woll-

te, und den historischen Festzug, zu dem die ganze Straße einheitlich reichen Schmuck anlegen sollte. Wir beteiligten uns eifrig an den Beratungen. Dann verabredeten wir einen kleinen Tanztee an Bord, der von den anwesenden Damen der Familie begeistert aufgenommen wurde, und empfahlen uns bis zu dem Ball.

In der Zwischenzeit knüpften wir mit den Österreichern, besonders aber auch mit französischen Offizieren des „Formidable", recht nette Bekanntschaft an.

Die Mannschaft wurde nicht beurlaubt, sondern nur in geschlossenen Trupps an Land geführt. Seitens der Stadt wurden uns zahlreiche Aufmerksamkeiten erwiesen, darunter auch eine Galavorstellung von Verdis „Otello" mit dem damals berühmtesten italienischen Tenor[83]. Sie machte einen sehr starken Eindruck auf mich.

Verdis Startenor Giovanni Paroli 1892

[83] Gemeint ist wohl Giovanni Paroli (1856-1920), der bereits in der Uraufführung des Otello in der Mailänder Scala wurde 1887 die Tenorrolle des Cassio sang und dies wohl auch in Genua 1892 tat.

Unser Nachmittags-Hopp verlief erfolgreich in harmloser Fröhlichkeit. Die meisten der 26 eingeladenen adligen Damen waren in Deutschland, und zwar hauptsächlich in Hessen, erzogen, was man ohne weiteres schon aus ihrem Dialekt hörte. Der große Ball des Genueser Adels war ein pompöses Ereignis. Der Palazzo Pallavicini war mit zwei neben ihm liegenden Palästen zu dem Fest mit Hilfe der im dritten Stockwerk liegenden Gärten zu einem festlichen Ganzen vereinigt. In den prächtigen Barockräumen brannten Hunderte von Wachskerzen, die Gärten waren taghell illuminiert. Man sprach von einigen tausend Gästen.

Ich erinnere mich noch gut der kleinen Szene, als wir in großer Zahl im Vestibül noch unsere Sachen ablegten und oben der Hausherrin gemeldet worden war, das Königspaar sei soeben vorgefahren. Die Marchesa, eine noch verhältnismäßig junge, sehr anmutige

Herzog Thomas von Genua, mit Herzogin Isabell aus dem Haus Prinz Adalbert von Bayern, beim Kolumbusfest 1892

Erscheinung, kam die Treppe bis zum untersten Absatz herab. Da meldete ihr der Haushofmeister, es sei ein Irrtum. Die Marchesa dankte mit einem Kopfnicken und begrüßte dann mit einer unnachahmlichen Grazie beide Hände ausbreitend ihre sich vor ihr sammelnden Gäste.

Der Ball dauerte bis in den lichten Morgen. Es wurde viel getanzt, gab große Büffets und wohl auch manchen Flirt. Unser Kommandant wurde beim ersten „Lancier"[84] gebeten, in dem Carré einzutreten, in dem auch das Königspaar tanzte. Wir Unterleutnants tanzten mit unseren Teebekanntschaften, doch war ich auch anderweitig recht gut versorgt.

Am nächsten Abend war ein großes Feuerwerk, an dem sich die ganze Stadt und alle im Hafen liegenden Schiffe beteiligten. Besonders wirkungsvoll war die bengalische Beleuchtung eines großen Fontainebrunnens am

Fest im Palazzo Pallavicini

---

[84] Ein Tanz, der sich aus der Quadrille, einem französischen Kontretanz aus der Zeit Napoleons, entwickelte und besonders bei Hochzeiten und Bällen als Gemeinschaftstanz sehr beliebt war. Er wurde in Deutschland ab 1820 eingeführt und war bis in die 60-er Jahre des 20. Jh. fester Bestandteil aller Anfängertanzkurse und wurde meist zur Musik von Strauß' Fledermaus-Quadrille getanzt.

oberen Bande der Stadt, die sich wie ein Amphitheater um den Hafen herum aufbaut, gekrönt von einem Kranz von 12 bis 18 malerischen Forts, die mit einer ununterbrochenen Reihe von Glühlampen den oberen Abschluss des illuminierten Stadtbildes darstellten. In den weiträumigen Hafenbassins lagen annähernd 40 Kriegsschiffe und zahlreiche große Handelsschiffe, die sich alle in der mannigfachsten Weise an der Illumination beteiligten. Zahlreiche Scheinwerfer beleuchteten die italienischen Flaggen und das in der Takelage vieler Schiffe dargestellte Monogramm des Königs und der Königin[85]. Hunderte von Booten und kleinen Dampfern belebten mit Lampions und Fackeln die Wasserfläche und erfüllten die Luft mit einem allgemeinen Freudengeschrei.

Beim Khediven von Ägypten

Gleich nach Abschluss der offiziellen Festlichkeiten dampften wir beschleunigt nach **Alexandrien**. Das Wetter war herrlich, aber in den Bunkern stieg die Temperatur bis zu 60 Grad. Das dort arbeitende Personal musste häufig gewechselt werden.

Nun machte sich in bedaulicher Weise bemerkbar, wie ungenügend wir mit den gewohnten Genussmitteln ausgerüstet gewesen waren. Die aus Deutschland mitgenommenen Wein- und Biervorräte waren in Genua restlos ausgetrunken. Jetzt gab es nur einen herben italienischen. Wein, im Verhältnis eins zu vier mit Wasser gemischt. Ferner Triester oder Pilsener Bier, die dreiviertel Literflasche zu 85 Pfennig, und schreckliche Botellierszigarren für 5 Pfennig das Stück. Diese Genüsse wur-

den für unsere schmalen Geldbeutel schließlich unerschwinglich.

In Alexandrien angekommen konnten wir mit unserem Tiefgang gerade noch in den Innenhafen einlaufen. Wir hatten den Auftrag, dem jungen Khediven[86].einen hohen preußischen Orden zu überreichen. Im Anschluss daran waren wir beim Khediven zur Tafel eingeladen, ich als Adjutant des Kommandanten, und noch mehrere Offiziere der Messe. Auf der Einladung stand: „Grande tenue en décorations"[87]

Beim jungen Khediven Abbas II. 1892

Da wir Unterleutnants mit letzteren noch nicht aufwarten konnten, half der Gastgeber mit diesem Festschmuck nach. Er war über-

---

[85] Umberto I war seit 1878 der erste König im geeinten italienischen Königreich; weil es an adligen Damen fehlte, die bereit gewesen wären, dieses italienische Königtum zu achten, war er mit seiner Cousine ersten Grades, Margarethe von Genua, verheiratet. Er wurde, nach anderen vorangegangenen glimpflichen Attentatsversuchen, am 29. Juli 1900 in Monza durch einen Anarchisten ermordet.

[86] Abbas II. Hilmi, Khedive, d.h. Vizekönig von Ägypten 1892–1914, geb.1874 in Alexandria, gest.1944 in Genf; war zur Zeit der Visite von Wilhelm Tägert 18 Jahre alt, wurde 1914 wegen seiner Deutschfreundlichkeit von der britischen Regierung abgesetzt.

[87] „in vollem Staat und Ornat", also im festlichen Anzug mit Orden und Auszeichnungen.

Wilhelm Tägerts erste Auszeichnung: Osmanischer Medjidieh-Orden IV. Klasse

haupt sehr liebenswürdig, sprach gut Deutsch und ließ einen herrlichen Rheinwein servieren. Wir führten aus Freude über unsere ersten Orden, an Bord zurückgekehrt, einen wilden Kriegstanz auf, an dem sich einer der Kameraden, der nur aus Versehen mit dekoriert war, sich aber selbst in Kairo befunden hatte, begeistert beteiligte. Es war der Medjidieh-Orden 4. Klasse, stark verzinnt, an rotem Bande zu tragen.

Am nächsten Abend machten wir noch eine äußerst interessante Partie mit drei arabisch sprechenden jungen Deutschen durch das Araberviertel, die sich bis 6 Uhr morgens hinzog.

Begegnung vor Spanien mit Kolumbus' Karavellen

Eine halbe Stunde später gingen wir nach **Gibraltar** in See. Hier fanden wir einen neuen Auftrag vor, zwei oder drei Tage nach Tanger zu gehen und die deutsche Flagge zu zeigen. In **Tanger** machten wir mit dem deutschen Konsul und seiner charmanten Gattin eine Reitpartie nach einem Feldlager von Sultanstruppen. Wir sahen dort das richtige marokkanische Beduinenleben.

Von Tanger aus liefen wir nach **Cadiz**, wo sich die **Kolumbusfeiern** fortsetzten. Wiederum hatte sich eine große Anzahl fremder Kriegsschiffe versammelt. Die Königin war erschienen und wieder wur-

den große Ballfestlichkeiten veranstaltet. Aber es war anders als in Genua. Bei einem solchen Ball wurden nur spanische Tänze, Walzer und Rigodon getanzt, um uns Gäste kümmerten sich die spanischen Gastgeber fast gar nicht. Man stellte uns den Damen nicht vor, und wir jungen Offiziere, besonders auch die Franzosen und Österreicher, waren drauf und dran, den Ball vorzeitig zu verlassen, wovon uns aber unser Kommandant abbrachte. Es war anders als in Genua, wo wir 26 junge Damen an Bord unterhielten, Duchessas, Marchesinas und Contessas, und alle waren vergnügt und zufrieden.

Am Tage nach dem Ball folgte das große Ereignis die Flottenwallfahrt von Cadiz nach Huelva, von wo Kolumbus seine erste Ausreise angetreten hat. An der Spitze fuhren die getreulich nachgebildeten Karavellen unter Segel, die Santa Maria, voran. Wir staunten alle über die Kleinheit namentlich der beiden anderen Schiffe. Die Fahrt ging nur Schritt vor Schritt vor sich und die teilweise sehr großen Geleitschiffe der verschiedenen Nationen hatten Mühe, ihre Positionen in dem Festzug zu halten.

Nach Ankunft in Huelva ging dann die ganze Armada auseinander. Wir fuhren ohne weitere Häfen anzulaufen nach **Wilhelmshaven.**

Begegnung mit Kolumbus' Karavelle Santa Maria vor Cadiz 1892

Examen auf der Marineschule 1893

Von Wilhelmshaven wurden wir nach **Kiel** zur Marineschule geschickt, wo der zwölfmonatige Unterricht bereits seit Monatsfrist begonnen hatte Die nun folgenden Monate auf der Marineschule bedeuteten für uns eine sehr angestrengte Arbeit, die uns nicht durch schon vorhandenes Training erleichtert wurde. Wir waren im Gegenteil in keiner Weise mehr gewöhnt, uns auf geistige Arbeit zu konzentrieren, doch wurde diesem Übelstand durch Fleiß bald abgeholfen, denn jeder von uns sah doch ein, wie nötig wir die Kenntnisse brauchen würden, die uns jetzt vermittelt wurden.

Wir waren jung und fanden bei unserem nahen geselligen Zusammenleben noch Zeit zu Zerstreuung und Vergnügen. Sonnabends wurde gekegelt, einmal in der Woche in dem Tanzverein Amicitia mit Bürgermädchen getanzt und täglich im Kasino gemeinsam gegessen.

Die Abschlussprüfung im Herbst 1893 erforderte von uns die Anfertigung von 37 schriftlichen Arbeiten in Klausur. Sie wurden in fünf Tagen erledigt, wozu täglich von 8 Uhr morgens bis 7 Uhr abends mit einer Stunde Mittagspause gearbeitet wurde. Auch die mündliche Prüfung dauerte ein oder gar zwei Tage. Das Ergebnis war, dass ich mit 65 Funkten Zweiter in der Crew wurde, hinter unserem verehrten Baas Michaelis, der mit 82 Punkten Kaisers Belobigung erhielt. Nach mir kam der Nächste mit 56 Punkten. Diese Rangfolge in der Crew war für die Reihenfolge der späteren Beförderungen maßgebend und daher auch wirtschaftlich wichtig.

„Springer" gab es zu meiner Zeit in der Marine nicht, auch keine bevorzugte Frontverwendung. Es gab allerdings Spezialisten, z.B. für Artillerie und Torpedowesen, aber die Verwendung als solche fügte sich in die Reihe der übrigen Fächer ein, die jeder Seeoffizier durch die Praxis lernen musste. Artillerie und Navigation musste jeder beherrschen. Ein Kommando als Torpedobootskommandant wurde heiß erstrebt, aber nur einer verhältnismäßig kleinen Auswahl zuteil. Kommandos bei den höheren Stäben erfolgten weniger unter Berücksichtigung der Leistungen auf dem praktischen Gebiet, als vielmehr nach der Eignung zur Beschäftigung mit geistiger und schriftlicher Arbeit. Auch I. Offizier sollte jeder nach Möglichkeit einmal gewesen sein und späterhin Kommandant.

Adjudant auf der „Deutschland" 1893-94

Ich wurde nach Beendigung der Marineschulzeit auf das Panzerschiff „Deutschland" [88] kommandiert und erhielt dort den Posten des Adjutanten. Zugleich hatte ich das Signalpersonal auszubilden, war wachfrei, wurde aber überall da als Utilität, wie man bei den Schauspielern sagt, eingesetzt, wo jemand beurlaubt war oder aus anderen Gründen ausfiel.

Es war wieder ein Jahr lang das schon geschilderte Ausbildungsprogramm bei der Hochseeflotte, eigentlich eine Fortsetzung des „Prinzess Wilhelm"-Kommandos. Wir lagen zeitweise in der Danziger Bucht, nahmen an einem Kaisermanöver teil und machten eine Norwegenreise.

---

[88] Die in England 1872-75 gebaute SMS „Deutsch- land war bereits bei der Winterfahrt des Übungsgeschwaders 180/91 im Mittelmeer dabei und trug noch eine Segeltakelage, die erst 1894 entfernt wurde. Sie wurde nach längeren Ostasiendiensten am 28. März 1900 außer Dienst gestellt

SMS „Deutschland" noch mit Segeltakelage 1892

Die Winterliegezeit absolvierten wir in **Wilhelmshaven**, an das ich mich nun allmählich gewöhnte. Dieses war auch nötig, da ich nach bestandenem Examen der Nordseestation zugeteilt war, die meine weitere Ausbildung von nun an regelte. Ich hatte auf „Deutschland", wie auch schon vorher auf „Prinzess Wilhelm", meine eigene Kammer, so fand ich gelegentlich auch gute Bücher zu lesen, die nicht vom Beruf handelten, wohl aber von der Welt, in die uns unser Beruf einführte.

Artilleriekursus auf SMS „Mars" 1894-95

Zur weiteren Berufsausbildung folgte für mich nun der übliche Artilleriekursus auf dem Artillerieschulschiff „Mars", auf dem wir schon als Seekadetten einen Vorkursus durchgemacht hatten[89].

---

[89] Die „Mars" unterstand zu dieser Zeit dem Kommando von Kapitän z. See Graf Haake. Sie war als Einzelschiff 1877 in Wilhelmshaven gebaut worden und 1881 in Dienst gestellt worden. Sie hatte eine Wasserverdrängung von 3.320 to bei einer Länge von 80 m, einer Breite von 15 m und einem Tiefgang von 5,8 m. Sie hatte eine Besatzung von rd. 350 Mann und konnte lediglich 11 kn laufen.

Die Bewaffnung des Schiffes wechselte im Laufe der Jahre, entsprechend der Entwicklung im Schiffsartilleriewesen und den Anforderungen der Marine. Anfangs handelte es sich um zwei 15-cm-, zwei 17-cm-, ein 21-cm- und ein 24-cm-Geschütz, die alle von der ausgemusterten hölzernen Renown, dem ersten Artillerieschulschiff der preußischen Marine, übernommen worden waren. Das Schiff hatte drei Spitznamen. Wenn der Flottenstab an Bord war, wurde es „Gummipanzer" genannt; in seiner Funktion als Artillerieschulschiff war es der „Kanonenzirkus" und wenn es in einer Flottenformation mitfuhr, nannte man es „Simulaker".

1908 beendete die „Mars" ihren aktiven Dienst, sie diente eine Zeit als „Hulk" zum Wohnen von

Ich blieb dann, nachdem der Rest der Crew nach beendetem Kursus anderweitig verwendet worden war, als Instrukteur und Wachoffizier auf der „Mars" hängen. Die dortige Messe der Stammoffiziere war außergewöhnlich nett und kameradschaftlich zusammengesetzt. Nur der Kommandant erschwerte uns das Dasein, aber nicht durch die Menge des uns aufgetragenen Dienstes, sondern durch seinen Charakter, der kleinlich und etwas heimtückisch war. Zudem imponierte er uns durchaus nicht als Seemann. Als Artillerist war er eine Kapazität.

Wir schossen zunächst eifrig in der westlichen Ostsee auf geschleppte Scheiben. Die Schleppleinen waren aus Stahl und durch etwa 5 Meter lange Balken aufgebojt, die ganze Trosse war etwa 1000 m lang, um den Schlepper durch die Sprengstücke am Ziel krepierender Granaten nicht zu gefährden.

Im Unwetter vor Skagen

Anfang Dezember gingen wir um **Skagen** herum ins Winterlager nach Wilhelmshaven.

Matrosen und wurde 1921 abgewrackt.

SMS „Mars" 1892

Bei Skagen gerieten wir in einen schweren Weststurm. Der Kommandant wollte das Rollen des Schiffes mildern, indem er vorne ein Gaffelsegel und ein Vorsegel setzen ließ. Bei beiden Segeln brachen nach kurzer Zeit die Schoten, und die dicken Blöcke, durch die sie gelaufen waren, rasierten die Back und das Vordeck. Es dauerte Stunden, ehe das Gaffelsegel wieder gebändigt werden konnte, da fast alle Enden zum Segelbergen brachen.

Gerade als wir am Abendbrottisch saßen, wurde bei **Hanstholm** Kurs auf Süd geändert, und nun ging der Tanz erst recht los. Gleich die erste quer einkommende See legte das Schiff über 30 Grad über, und es begann nun mit acht Doppelschwingungen in der Minute zu schlingern. Alles was nicht schwer gezurrt war, brach los und schoss von Bordwand zu Bordwand.

Eine blinde 35 cm-Granate stand in der Offiziersmesse in einem schweren Holzfuß, den sie noch nie in den vielen Jahren ihres Daseins verlassen hatte. Als wir zum ersten Mal überholten, konnten wir uns gerade noch an dem festgeschraubten Tisch festhalten. Über uns lagen unsere Gegenüber mit dem Bauch auf der Tischkante und versuchten, Teile des Abendbrots zu retten. Nun warf sich das Schiff auf die andere Seite, zugleich fiel die Granate um, schlug ein Bein des Esstisches ab und begann mit ihrem zwanzig Zentner-Gewicht in unregelmäßigen Kurven durch die Messe zu sausen. Ihr schloss sich das Klavier an, das statt an Backbord plötzlich an der Steuerbordseite stand, mit der halb eingedrückten Hinterwand nach vorne.

Die Sache wurde ernst. Aber nun erschien die Rettungsbootsmannschaft mit schwerem Tauwerk, die Granate wurde an einer eisernen Stütze befestigt, das ganze Mobiliar in einer Ecke aufgetürmt und festgebunden, und jeder suchte sich irgendwo einen Halt.

Als ich in meine Kammer runterkam, sah es dort böse aus. Die Gummidichtung der ziemlich großen Pforte war eingetrocknet und ließ breite Strahlen von Wasser durch, das auf dem Fußboden hin- und herschwappte. Die große Wäscheschublade unter der Koje war herausgerutscht, ihr Inhalt völlig durchnässt. Die Splitter der Nachttischlampe steckten größtenteils in der gegenüberliegenden Wand. Ich habe dann aber doch noch irgendwie, angezogen natürlich, eine Stunde auf meiner Koje gelegen, bis ich zur Mittelwache hinauf musste.

Kaum hatte ich das Geländer vom Lukenniedergang losgelassen, als ich mich im Wassergang zwischen zwei Decksgeschützen liegend wiederfand, wo ein Wasserfall von der anderen Schiffsseite kommend über mich hinwegbrauste. Zwei dort beschäftigte Matrosen hatten mich glücklicherweise in der rabenschwarzen Finsternis bemerkt und halfen mir auf die Füße. So gelangte ich schließlich an einem ausgespannten Strecktau auf die Kommandobrücke. Der wachhabende Offizier, den ich ablöste, schrie mir zu: „Wir liegen jetzt leidlich, es würde besser sein, wenn wir noch mehr an den Wind herangingen, aber der Alte will nicht. Er meint, wir hätten zu wenig Kohlen." Auf meine Frage, ob wir Fahrt machten, verneinte er dies hohnlachend. Dann empfahl er sich und wünschte mir eine gute Wache.

Ich hing meistens an der Kompasssäule, die zum Glück hielt. Die Kompasssäulen auf der Schanze waren aus ihren Verschraubungen im Deck herausgebrochen. Die Zentrifugalkraft der schweren Kompensationskugeln war zu stark gewesen, wenn das Schiff bis 40 Grad überholte. Auch der schwere Mahagonitisch im Sitzungssaal, an dem 20 bis 30 Personen sitzen konnten, war aus seinen Verschraubungen im Deck losgebrochen und fuhr noch wie ein wilder Bulle im Sitzungssaal hin und her. Zum Glück hielten die Zurrings der Geschütze. Mit der Zeit wurden im Innern des Schiffs von der Wache alle in Bewegung geratenen Möbel und Ausrüstungsstücke eingefangen und wieder befestigt. Ein gefährlicher Schaden war nirgends eingetreten.

Von der Kommandobrücke aus gesehen, etwa 14 Meter über Wasser, sahen die Bewegungen des Schiffs unheimlich genug aus, doch kam nicht mehr so viel Wasser über, nachdem ich trotz des Kommandantenverbotes höher an den Wind gegangen war. Er selbst erschien in dieser Nacht nicht auf der Brücke, was keiner von uns Wachoffizieren bedauerte.

Am nächsten Morgen traten wir immer noch auf derselben Stelle im Bereich der Jammerbucht, die ihren Namen nicht umsonst trägt. Aber der Wind war mehr nach Norden herumgegangen, und es bestand bei unserem hohen Herrn nun endlich die Bereitwilligkeit, auf Südkurs abzudrehen.

Bei diesem Manöver kam die sehr hohe See, die beständig schwer brach, für kurze Zeit quer ein. Dieser möglicherweise gefährliche Augenblick sollte durch Öl gemildert werden. Die Röhre im Mannschaftsklosett wurde also mit einem Gemisch von Maschinenöl gefüllt, nachdem der Ablauf zugestopft war. Es ging alles sehr feierlich vor sich. Der Kommandant war auf der Brücke erschienen und suchte eine günstige Pause zwischen zwei Brechern zu erspähen. An der unaussprechlichen Röhre stand der Adlatus des I. Offiziers bereit. Eine

Kriegsschiff im Sturm, aus: Nordsee-Illustrierte-Zeitung 1877

Kette von zwei bis drei Befehlsübermittlern war zwischen Kommandobrücke und dem WC unter der Back gebildet, der Ruf erscholl, des Ruder wurde hart übergelegt, der Leutnant zog den Pfropfen heraus, und die nächste See rollte, ohne zu brechen unter dem Schiff hindurch. Wir waren gerettet.

Mit der See von achtern lag nun das Schiff fast ruhig. Man konnte sogar in der Messe wieder sitzen. Herrlich schmeckte ein halber Teller voll Erbsensuppe mit Speck als erstes warmes Essen seit dem vorhergehenden Mittag, und bald waren alle Strapazen vergessen. Zur Ehre des Schiffs muss ich hier einfügen, dass die Schuld an diesem unqualifizierbaren Verhalten nicht am Schiff gelegen hat. Es hatte vielmehr ein früherer Kommandant, der von Schiffbau anscheinend nicht viel verstand, befürchtet, das hohe Schiff wäre zu rank, es könne möglicherweise kentern. Er hatte deshalb 170 ts Ballast-Eisen unten im tiefsten Raum einbauen lassen und so aus dem Schiff, das schon wegen seiner, hohen geraden Bordwand an und für sich recht steif war, in ein reines Stehaufmännchen verwandelt. Es war fast ein Wunder, dass die Masten und Schornsteine in dieser Nacht nicht über Bord gegangen sind.

Erstes Kommando auf der „Hay" 1895

Die Wintersaison in Wilhelmshaven, die besonders von überständigen Bremer Jungfrauen als letzte Chance gern besucht wurde, brachte eine ganze Reihe gesellschaftlicher Vergnügungen. Auch sonst war das Leben im Casino gesellig und lustig.

Als das Frühjahr heranrückte, machte sich der „Mars" bereit, wieder zur Schießausbildung nach der Ostsee zu gehen. Ich wurde zum Kommandanten des kleinen Tender „Hay"[90] ernannt, den ich durch den Eiderkanal auch glücklich nach Kiel herüber gebracht habe.

Dabei ist es uns eigenartig ergangen. Beim Verlassen der Jade setzte sehr starker Nebel ein. Wir hielten auf das äußerste Elbe-Feuerschiff zu, ohne dass wir seine Nebelsignale hören konnten. Stattdessen sahen wir uns plötzlich dicht am Eiderfeuerschiff. Der Kurs war etwa um zwei Strich, das sind rund 25 Grad, falsch gewesen. Diesen Fehler behielt der bis dahin völlig fehlerlose Kompass auch weiterhin bei, bis ich endlich das zuständige Personal von der Kieler Werft bekommen konnte. Dieses stellte fest, dass ein Magnet, der in Deck unter der Kompassrose eingelassen war, bei der Erneuerung des Decksbelags verkehrt wieder eingesetzt war. Ich brauchte mir also keiner Schuld bewusst zu sein.

Wir hatten dann bei den Schießübungen, wo wir wieder den Schleppdienst übernehmen mussten, in aller Frühe die Scheiben auf dem Schießplatz bereitzustellen und sind meist erst nach Dunkelheit und nach Einholung der sperrigen Schlepptrossen auf einen ruhigen Ankerplatz gekommen. Das gab wenig Schlaf in den Schießübungswochen.

Wir begleiteten den „Mars" auch nach **Danzig**, von wo aus im dort offeneren Wasser Fernschießübungen stattfanden.

Von Danzig selbst habe ich in dieser Zeit wenig gesehen und wenig von den Delikatessen genossen, die dort bei Plotkin oder im Ratskeller winkten. An Bord war mein Bursche zugleich auch mein Koch mit wenig Fantasie und gar keiner Erfahrung. Viel Ärger mit dem Marskommandanten belastete meine etwas überanstrengten Nerven unnötig noch weiter. Niemand war froher als ich, als die Herbstkommandierungen für 1895 mir das Kommando als Wachoffizier auf die in Kamerun stationierte „Hyäne" brachten.

S. M. S. Hay, Tender

Tender SMS „Hay" 1881

[90] Stapellauf 1881, am 15. Juni 1882 in Dienst gestellt, also ein neues Schiff, ein kleines Dampfsegelschiff von 34 m Länge, mit einer schwachen Maschine von 160 PS und nur 10 kn Geschwindigkeit, ursprünglich als Kanonenboot mit acht kleineren Kanonen gebaut, wurde schon bald als Artillerietender, d.h. als Begleitschiff, eingesetzt. Es sollte hauptsächlich Seezielscheiben schleppen, war aber gelegentlich auch selbst Artillerieschulboot. 1906 wurde die Hay aus der Liste der Kriegsschiffe gestrichen und 1919 abgewrackt.

Festliche Einweihung des „Kaiser-Wilhelm-Kanals" 1895

Vorher habe ich noch Gelegenheit gehabt, an den großen Feierlichkeiten bei der Eröffnung des Nord-Ostseekanals teilzunehmen, zu denen Kriegsschiffe aller seefahrenden Nationen eingeladen und nach Kiel gekommen waren[91].

Augenscheinlich sollten die Kolumbusfeiern nicht nur nachgeahmt, sondern noch übertroffen werden. Der ganze Kieler Hafen war bis nach Friedrichsort hinaus mit Kriegsschiffen und an seinen Rändern mit Yachten gefüllt. Es gab Bälle und fast allabendlich große Illuminationen mit ganz besonderen Finessen.

Schiffsparade bei der Einweihung des Nord-Ostsee-Kanals, 1895

Die Engländer ließen ihre Besatzungen an einem Abend an den Reelings antreten, jeder Mann mit einem Rohr, aus dem farbige Leuchtkugeln aufstiegen. Die Farben wechselten Grün, Rot, Weiß. Die Signale zum Wechseln wurden mit Hörnern geblasen oder gepfiffen. Alle Schiffe sollten die gleiche Farbe zeigen. Als einer der über tausend Mitwirkenden versehentlich Rot statt Grün abbrannte, warfen auf einen Pfiff alle Mitspieler gleichzeitig ihre Röhren über Bord und begannen das Spiel von Neuem.

An einer anderen Stelle tauchte plötzlich das Monogramm des Kaiserpaares mit der Krone wie griechisches Feuer aus der Tiefe des Hafens auf und brannte an der Oberfläche weiter. Jeder suchte den anderen zu überbieten.

Die fremden Offiziere wurden von deutschen Kameraden bei den Festlichkeiten betreut, an Land begleitet und durch Land- und Wasserpartien mit Damen unterhalten. Der Glanzpunkt war der große Ball in der Marineakademie, an dem 4.000 Personen teilnahmen, die, wie man mir erzählte, für 25.000 Mark Getränke verzehrt haben. Ein englischer Offizier versicherte mir noch am letzten Tage, es sei alles derartig vorzüglich „arranged" gewesen, wie er es noch nie etwas gesehen habe. Dabei handelte es sich doch um ca 50.000 fremde Offiziere und Matrosen, für die alle gesorgt werden musste. Diese Anerkennung war wohl eine allgemeine.

Nur bei den Franzosen schien eine andere Stimmung zu herrschen. Gleich nach ihrer Ankunft hatte Prinz Heinrich persönlich den Admiral und die Offiziere zu einem Gartenfest eingeladen. Der Admiral entschuldigte sich, er sei „enrhumé". Alle seine Offiziere blieben ohne Entschuldigung dem Gartenfest fern.

---

[91] Der 98 km lange „Kaiser-Wilhelm"-Kanal konnte am 21. Juni 1895 nach acht Jahren Bauzeit eröffnet werden. Bis dahin war der 1784 fertiggestellte „Eiderkanal" die einzige direkte Wasserstraße zwischen Nord- und Ostsee, die aber nur Schiffe bis 28 m Länge und 140 to Gewicht aufnehmen konnte. In der internationalen Schifffahrt wird die Wasserstraße „Kielkanal" genannt. Die zehn eindrucksvollen Brücken für Straßen- und Eisenbahnverkehr, die teilweise erst in den nächsten Jahrzehnten entstande,n sind 42 m hoch, sodass damals nicht nur Segelschiffe, sondern auch die Linienschiffe der seit 1903 gebauten „Deutschlandklasse" mit ihren hohen Masten passieren konnten.

Der Prinz setzte es durch, dass ihm und seiner Gemahlin der Admiral und die Kommandanten der französischen Schiffe einen Entschuldigungsbesuch machen mussten und einen gleichen Besuch dem Kommandanten des Schiffes, dem sie zugeteilt waren und dem gegenüber sie sich ebenfalls unkorrekt benommen hatten.

Auf dem großen Akademieball tanzten die französischen Offiziere nicht, sondern flirteten offiziell stark mit den russischen Offizieren, die im Übrigen an diesem merkwürdigen Verhalten nicht teilnahmen, das von allen Festteilnehmern einstimmig missbilligt wurde. Wir hatten auf „Prinzess Wilhelm" mit französischen Offizieren in Genua eigentlich die entgegengesetzten Erfahrungen gemacht, allerdings nur mit einem Teil der französischen Offiziere.

Als wir unseren Besuch in der Messe des französischen Flaggschiffs machten, fiel uns sofort eine merkbare Zwiespältigkeit in der Zusammensetzung des französischen Offizierskorps auf. Man sagte uns später, dass tatsächlich eine gewisse Spaltung bestünde, auf der einen Seite ständen die mehr aristokratischen, durchweg wohlerzogenen Offiziere und der Geschwaderchef selbst, ihnen gegenüber die waschechten Republikaner, die wohl vielfach aus anderen Gesellschaftskreisen stammten und auch nicht den guten Willen zeigten, dieses zu verbergen.

Mein persönlicher Anteil an den Festen war leider stark dadurch getrübt, dass eine meiner beiden Jollen gekentert und gesunken war. Ich musste drei Nächte lang in aller Herrgottsfrühe und bis zur Morgenflaggenparade um 8 Uhr nach ihr suchen und tauchen lassen, so dass ich von 60 Feststunden nur etwa sechs im Bett gelegen habe. Dies behinderte aber meine Genussfähigkeit aber nur wenig.

Nord-Ostsee-Kanal, Schließung der Rendsburger Hochbrücke 1913